심연

나를 깨우는 짧고 깊은 생각

배철현 지음

21세기북스

차례

매일 아침,

기꺼이 인생의 초보자가 되십시오.

– 마이스터 에크하르트

하루 10분, 나를 깨우는 짧고 깊은 생각

"지금 당신은 행복한가요?"라는 질문을 받는다면, 나는 뭐라고 대답할까. 행복이란 어떤 감정이며, 그것은 대체 어디에서 오는 것일까. 지금 이 순간 행복하다고 느낀다면, 그행복이 내일도 지속될까.

행복과 불행은 내 마음의 상태다. 흔들림 없는 고요한 마음, 그것이 곧 행복이다. 그러니 외부에서 일어나는 일이나 환경이 나의 행복에 영향을 끼칠 수는 없다.

이 고요한 마음 상태를 유지하려면 수련이 따라야 한다. 이

때 필요한 도구가 자신의 마음을 응시하는 '생각'이다. 생각을 훈련하는 데도 수준과 단계가 있어서, 마치 태권도를 배울 때처럼 흰 띠에서 출발해 노란 띠, 파란 띠, 빨간 띠 그리고 검은 띠에 도달하는 과정을 거쳐야 한다.

육체의 훈련과 마찬가지로 정신도 꾸준히 훈련하다 보면 점점 더 높은 단계에 이를 수 있고, 얼마든지 자신만의 고유한 임무를 찾을 수 있다.

삶은 자신만의 임무를 발견하고 실천해나가는 여정이다. 그리고 이 여정에는 늘 예상치 않은 '괴물'이 등장한다.

이 괴물을 극복할 수 있는 생각의 첫 번째 단계는 바로 '열정'이다. 열정은 자기 자신을 있는 그대로 바라보는 '용기'다. 열정은 결코 타인을 향한 부러움이나 흉내 내기가 아니다. 열정은 자신의 약점과 열등감을 낱낱이 들여다보고 파악하는 과정에서 생겨난다.

우리는 이 열정을 통해 스스로를 독립적인 인간으로 만들고, 자신만의 유일무이한 임무를 발견하게 된다.

열정에서 가장 필요한 덕목은 알게 모르게 자신을 얽매고 있는 수많은 구태의연함과 과거로부터 과감하게 결별하는 용기다. 이 열정은 내면 가장 깊숙한 곳, '심연'으로 가는 지표다.

나 역시 나를 둘러싼 환경에 휘둘려 소용돌이 속 지푸라기처럼 정신없이 흩날리던 때가 있었다. 당시 나는 권태에 익숙해져 있던 나 자신과 결별하기 위해 나만의 열정을 찾기로 했다. 그러고는 달리기와 묵상이라는 두 가지 수련 도구를 찾아냈다. 숨이 차오를 때까지 달리고 또 달리면서 육체의 한계를 확장하고, 묵상을 통해 정신의 한계를 고양시켰다.

이 수련의 시간은 나에게 특별했다. 나를 새로 태어나게 하는 생경한 시간이었다. 그 초조한 날들 가운데 한 신문사로부터 '자기수련'에 관한 글을 연재해보지 않겠냐는 제안을 받았다. 나는 제안을 수락했고, 이 '글쓰기'를 '새로운 나'를 찾기 위한 거룩한 여정으로 삼기로 했다. 지금 생각하면 이 여정은 나 자신을 위한 최고의 선물이었다.

'배철현의 심연'이라는 제목으로 연재된 글쓰기는 1년 동안 이어졌다. 나는 글쓰기를 통해 마음 가장 깊은 곳으로 향하는 정신적 여행을 떠났다.

글을 쓴다는 행위는 나를 향한 최선의 바람을 다른 사람과 소통하고자 하는 일종의 의례다. 이 글에는 나의 영적 탐구의 고민이 고스란히 담겨 있다. 마치 길가메시가 영생의 비밀을 알기 위해 발에 큰 돌을 매달고 페르시아 만 가장 깊은 곳으로 내려간 것처럼, 마치 단테가 천국으로 향하기 위해 반드시 거쳐야 하는 '어두운 숲속'으로 들어간 것처럼.

이 글을 쓰는 동안 나는 가보지 않은 이 길 위에서 불안하고 초조했다. 이 글들은 그 서툰 발걸음을 적은 내 고백이자 바람이다. 그러나 글을 쓰는 과정은 내 삶을 변화시키는 첫걸음이 됐다.

여기에 실린 글들은 '나를 넘어선 나'를 발견하고 싶은 희망의 노래다. 나는 '나를 넘어선 나'를 '위대한 개인'이라고 부르고 싶다. 위대한 개인이란 자신을 깊이 관찰할 때 그 모습을 드러내는 '또 다른 나'다. 위대한 개인은 항상 자신의 행복을 지향하며 그 과정에서 행복하다.

이 책이 자신만의 열정을 발견하고, 자신만의 신화를 만들어내기 위해 거룩한 여행을 떠나는 모든 이들에게 용기를 주고 작은 별빛이 되어주기를 희망한다.

2016년 7월

배철현

1부

고독,
혼자만의 시간 갖기

시간은 세상에서 가장 지혜롭습니다.

시간이 지나면 모든 것이 밝혀지기 때문입니다.

— 탈레스

순 간

봄의 약동으로 싹이 트는 찰나의 시간

눈을 뜨면 갓 뽑은 커피를 마시며 하루를 시작한다. 현생인류가 태어난 장소가 케냐와 에티오피아라는데, 매일 아침 새로운 시작을 다짐하는 나를 잠에서 깨우는 것도 에티오피아산 커피다. 동물에서 인간이 된 그 순간의 비밀이 이 커피에 담겨 있는지도 모른다.

따뜻하던 커피는 이내 식어버린다. 나도 언젠가는 이처럼 식어버릴 것이다. 그리고 안개처럼 사라져버릴 것이다. 인류가 살고 있는 이 지구도 50억 년이 지나면 자전할 힘을 잃고 멈출 것이라고 한다.

이 모든 현상을 아우르는 우주의 원칙이 있다. 원칙이라기보다는 차라리 괴물에 가깝다. 시간이 지나면 흔적도 없이 만물을 삼켜버리는 괴물. 우주에서 가장 강력한 괴물은 바로 '시간'이다.

시간과 세월을 이길 수 있는 것은 아무것도 없다. 시간은 그 무엇에도 아랑곳하지 않고 흘러가버린 뒤, 결코 원래의 자리로 돌아오지 않는다.

우주에서
가장 강력한 괴물은
바로 '시간'이다.

시간과 세월을 이길 수
있는 것은 아무것도 없
다. 시간은 그 무엇에도
아랑곳하지 않고 흘러
가버린 뒤, 결코 원래의
자리로 돌아오지 않는다.

과학은 137억 년 전의 빅뱅의 순간을 말하지만 빅뱅은 그 어떤 종교적인 혹은 철학적인 개념보다 더더욱 신비에 싸여 있다. 만물의 시작을 설명하려다 만들어낸 상상의 개념이기 때문이다.

시간은 그 흐름의 시작과 끝을 볼 수도 없고, 알 수도 없다. 쏜살 같이 왔다가 흔적도 없이 사라지는 시간. 그래서 우리는 매순간 무방비 상태로 미래에 진입한다.

그 결과 우리에게 남는 것은 지나간 시간에 대한 회상뿐이며, 나의 정체성을 만들어주는 것도 바로 시간의 흔적이다. 과거는 '순간'에 지나지 않는다. 20년 전이든, 20분 전이든 모두가 순간의 사건이라는 점에서 경이롭기까지 하다.

워싱턴 어빙(Washington Irving)의 『립 반 윙클』이라는 소설이 있다. 이 소설은 유럽 신화와 전설에 뿌리를 두지만 미국에서 일어난 동네 이야기이기도 하다.

워싱턴 어빙은 이 소설을 1818년의 어느 날 저녁, 하룻밤에 완성했다고 한다. 그는 자신이 미국 뉴욕 주에 있는 허드슨

강 계곡에서 경험했던 일을 영국의 오랜 신화와 뒤섞어 이야기를 만들었다. 이 이야기는 미국이 영국으로부터 독립하기 위해 무엇을 해야 하는지를 알려주는 알레고리다.

주인공 립 반 윙클은 아내의 잔소리가 싫어서 '울프'라는 이름의 개와 함께 어슬렁거리며 뉴욕 인근의 카트스킬 산속으로 향한다. 당시는 영국 왕 조지 3세가 미국을 다스리던 시절이었다. 그는 산속에서 밀주를 마시며 볼링을 치는 사람들을 구경하다가 깜박 잠이 든다.

한참 뒤에 눈을 떠보니 어느새 아침 햇살이 비치고 있었다. 울프는 사라졌고, 들고 왔던 장총은 녹이 슬었으며, 턱수염도 덥수룩하게 자라 있었다. 모든 게 어리둥절하기만 한 립 반 윙클은 마을로 내려와 평소 자주 가던 여관으로 향한다. 여관 벽에는 못 보던 국기와 사진이 걸려 있다. 미국 성조기와 미국의 초대 대통령 조지 워싱턴의 초상화다. 자신이 잠깐 잠든 사이 조지 워싱턴의 혁명으로 미국이 영국으로부터 독립을 한 것이다. 이제 립 반 윙클은 영국인이 아닌 미국 시민이 되어 있었다. 한순간 잠들었을 뿐인데 20년이라는 세월이 흘러가버린 것이다.

눈 깜짝할 사이 흘러가버린 20년의 세월 앞에 어리둥절한 사람이 어디 립 반 윙클 뿐이겠는가. 우리는 '시간(時間)'이라는 씨줄과 '공간(空間)'이라는 날줄이 교차하는 지점에 존재한다. 시간과 공간을 정지시키기 위해서는 둘의 공통분모인 사이, 즉 '간(間)'을 포착해야 한다. 이것을 '순간(瞬間)'이라고 한다.

순간이란 봄의 약동으로 싹이 트고 꽃망울이 터지는 그 찰나(刹那)의 시간이다. 봄이 약동하면 잎과 꽃망울은 모든 찰나에 과격하면서도 거칠게 제 모습을 바꾼다. 순간순간 식물들은 자신의 색깔과 자기 몸의 구조를 다채롭게 변화시킨다.

이렇듯 봄은 생명의 시작이자 찰나의 운동이다. 고성능의

현미경으로 나무의 속살을 들여다보면, 나무 속 섬유질이 매순간 빅뱅처럼 팽창하고 수축하는 것을 관찰할 수 있다.

이런 변화를 인식하는 순간을 영어로 '모멘트(moment)'라고 한다. '모멘트'는 정지의 시간이 아닌 역동적으로 움직이는 시간이다. '모멘트'는 라틴어 '모멘텀(momentum)'에서 유래했다. '모멘텀'은 '움직임/움직이는 힘/변화' 또는 '순간'이라는 의미다.

생명의 움직임을 이루는 한 동작 한 동작은 거의 눈으로 확인되지 않지만 부지불식간에 어느새 저만큼 멀어져 있다. 우리가 흔히 말하는 '눈 깜짝할 사이'는 시간적인 경험이자 찰나의 시간을 이르는 표현이다. 눈을 떴다 감는 그 사이, 우리는 본다는 행위를 통해 순간적으로 사물을 인식한다.

사진작가 앙리 카르티에 브레송(Henri Cartier Bresson)은 이 눈 깜짝할 사이를 또 다른 눈인 카메라 렌즈로 포착한다. 눈과 렌즈와 마음이 하나 되는 그 신비한 순간에 자신도 모르

게 셔터를 누른다. 브레송은 이때를 "결정적 순간"이라고
말한다.

그는 카메라 렌즈라는 작지만 혁명적인 눈으로 흘러가는
시간과 공간에 진입해 그 유동적 흐름을 파괴하고 정지시
킨다. 그럼으로써 흘러가는 일상을 거룩한 정지, 영원의 차
원으로 승화시킨다. 뒤도 돌아보지 않고 매정하게 흘러가
는 시간을 포착하려는 부단한 연습을 통해 그것은 예술이
된다.

그리스도교에서는 흘러가는 양적인 시간을 그리스어로 '크
로노스(chronos)'라고 한다. 반대로 영원한 질적인 시간을 '카
이로스(kairos)'라고 한다. 카이로스는 신이 개입하는 질적인
시간, 한 번밖에 일어나지 않지만 모든 것을 변화시키는 결
정적인 시간이다.

브레송은 오랜 기간의 수련 속에서 숱한 시간인 크로노스를
보낸다. 그러면서 크로노스의 순간에 참견하기 시작하고,
자신도 모르게 셔터를 눌러야 하는 카이로스의 시간을 직관

으로 감지하는 경지에 이르게 된다. 그 순간은 항상 불안과 두려움으로 출렁인다. 자신도 알 수 없는 신비한 경계의 카이로스로 들어가기 때문이다. 그의 사진은 직관, 몰입, 평온 그리고 불안과 두려움으로 가득 찬 특별하고 결정적인 시간의 선물이다. 두 개의 극단적인 마음 상태의 공존은 그의 사진을 기억할 만한 특별한 사건으로 창조해낸다.

플라톤은 『국가』에서 교육의 본질에 대해 이야기한다. '동굴의 비유'를 통해 하찮은 순간이 영원한 순간으로 변화하는 과정을 극적으로 보여준다.

입구가 열려 있는 동굴 속 깊숙한 곳에는 어려서부터 다리와 목이 고정된 채 동굴 벽을 향해 앉아 있는 사람들이 있다. 그들 뒤에는 다른 이들이 꼭두각시를 들고 동굴 벽에 그림자를 비추고 있다. 족쇄에 묶여 일생 한곳만 보아온 이들은 꼭두각시가 만들어낸 인위적인 그림자를 실재하는 사물이라고 착각한다. 진실이 아닌 허상, 진상이 아닌 가상을 실재하는 것으로 믿는다.

그러던 어느 날 한 사람이 '진리'라 믿어 의심치 않았던 이 그림자에 의문을 품기 시작한다. 그림자의 속박으로부터 벗어나야겠다는 결심에 이제껏 자신이 매달려온 안전장치이자 자신을 속박했던 억압의 족쇄를 부순다. 그런 다음 '한순간에' 일어나 일생 동안 보아온 동굴 벽에서 눈을 뗀다. 동굴 벽이 아닌 빛이 있는 쪽으로 천천히 걸어간 뒤 고개를 높이 든다. 빛을 좀 더 자세히 보기 위해서다.

그러나 지금까지의 행위는 그에게 무척이나 낯설고 고통스럽기만 하다. 더군다나 태어나 처음 보는 태양은 너무도 눈부셔서 아무 것도 볼 수 없을 정도다. 이런 고통에도 불구하고 그는 이제 태양이 빛의 근원이라는 사실을 차츰 깨닫게 된다.

플라톤은 과거와 단절해 새로운 시작을 여는 동력을 고대 그리스어로 '엑사이프네스(exaiphnes)'라고 했다. 엑사이프네스는 흔히 '갑자기 / 한순간에'로 번역된다. 브레송의 "결정적 순간"과 다르지 않다.

엑사이프네스의 시간은 우리의 타성과 게으름을 일깨우며 한곳에 의미 없이 고정되어 있던 시선을 돌리게 한다. 그러고는 그림자의 허상이 아닌 빛이 일깨우는 진실과 마주하게 한다.

이런 자기변화는 모멘텀, 바로 지금 이 순간을 포착해 자신의 것으로 만드는 것에서 시작한다. 혹시라도 지금 귀하고 소중한 순간순간을 의미 없이 흘려보내고 있다면, 고통이 따르더라도 이 순간에 집중해 자신만의 빛을 찾아 나서야 한다. 이 결정적인 순간이 삶을 좀 더 진실에 가깝게 해줄 것이다.

지는 누구에게 무언가를 가르칠 수 없습니다.

지는 그들이 생각하게 만들 뿐입니다.

— 소크라테스

생각

인생이라는 집을 짓도록 도와주는 설계도

'생각'은 인생이라는 자신만의 아름다운 집을 짓도록 도와주는 설계도다. 사람은 누구에게나 자신만의 인생이 있고, 그것을 더욱 감동적으로 만들 수 있도록 우주는 우리 각자에게 생각이라는 고귀한 선물을 주었다.

인간에게는 유일무이한 나만의 유전체가 있듯이, 세상 누구와도 같을 수 없는 나만의 생각 DNA가 존재한다. 그 생각으로 우리는 나만의 영적인 DNA를 찾아야 한다. 이것은 우리를 존재하게 하는 중력과도 같아서, 마음속에 심어놓고 정성껏 가꾸면 뿌리 깊은 나무처럼 쉬 흔들리지 않도록 우리를 든든하게 지켜준다. 이 영적인 유전체의 처음이자 끝은 생각이다.

천재란 자신만의 고유한 생각이 있다는 것을 믿고, 그것을 지속적으로 찾는 사람이다. 그리고 찾아낸 그것을 소중히 여기며 일생 동안 묵묵히 실천하는 사람이다. 또한 그 생각을 믿으며, 자신에게 진실한 것이 인류 모두에게도 진실하다고 믿는 사람이다. 믿음이란 자신에게 중요한 한 가지를 찾아 소중하게 지키는 삶의 모습이다.

마음속에 숨어 있는 이 천재성을 찾아내기 어려운 것은, 우리 스스로 타인의 생각과 글, 사회가 인정한 전통과 교리를 암기하는 데 더 익숙해 있기 때문이다. 그리고 나에 대한 사회의 평가가 진정한 자기 자신인 양 믿는다. 우리는 외부의 기준과 평가에 자신을 끼워 맞추는 데 매우 탁월하다. 자신도 모르는 사이 그렇게 길들여졌기 때문이다.

그러나 천재는 다르다. 그들은 마음속 깊은 곳에 숨어 있는 자신의 욕망을 탐색하고 발견한다. 그리고 그것을 세상에서 가장 소중한 보물이라 여기며 삶을 통해 그것을 실현한다. 천재는 남다른 생각에서부터 시작된다. 이 생각은 자신이 경험한 세계 안에서 아무런 노력도 없이 습관적으로 하는 게 아니다. 생각은 매일매일 변화를 거듭하며 나 자신을 더 아름다운 삶으로 인도하는 높은 차원의 시선이다. 그 시선은 어제까지 소중하게 여겼던 가치를 아낌없이 버리고, 그 한계를 선명하게 보는 것이다.

고대 이스라엘인들이 사용하던 히브리어 중 '샤아르(shaar)' 라는 단어가 있다. '샤아르'는 '생각'이라는 의미와 함께 '성문'이라는 뜻도 가지고 있다. 한 단어에 생각과 성문이라는 전혀 다른 의미가 담겨 있어 조금 생뚱맞기도 하다. 그런데 이 두 의미를 가만히 되새겨보면 두 단어의 교차점이 있다.

고대 이스라엘 사회에서의 성문이란 야만과 문명, 혼돈과 질서를 구분하는 가시적인 대문이다. 성문 안으로 들어가기 위해서는 신분을 밝혀야 하고, 그 신분에 맞는 옷을 입어야 하며, 그 안에서 해야 할 자신만의 고유한 임무를 알고 있어야 한다. 누구든 이 조건을 소홀히 하면 성문 안으로 들어가기는커녕 입구에서 쫓겨나고 만다.

성문은 동시에 종교적인 의미를 지닌 신전의 문이기도 하다. 신전의 바깥은 세속의 공간이며 신전의 안쪽은 성스러운 공간이기에 정결하지 않으면 들어갈 수 없다. 정결하다는 것은 자신이 해야 할 최소한의 그 무엇을 알고 목숨을 바쳐 실천할 준비가 되어 있는 상태를 의미한다. 그래서 성문

은 정결하지 않으면 발을 디딜 수 없는 '타부'의 공간이기도
하다.

샤아르는 성문이라는 명사 의미 외에 '성문 위에서 쳐다보
다'라는 동사 의미도 가지고 있다. 이 동사 의미는 성문을
무사히 통과할 수 있는 무기를 제공한다. 그 무기는 성문 위
에서 내려다보듯이, 더 나은 미래를 향해 진입하려는 현재
의 나에 대한 관찰이다. 이 성문 위에 서면 지금까지 걸어온
삶의 궤적을 확인할 수 있고, 성문을 지나 내가 나아가야 할
미지의 길을 짐작할 수 있다.

그러므로 샤아르는 '신전의 문 위에서 자신의 신전으로 들
어가려는 나 자신을 관조하다'라는 의미이며, 바로 그것이
'생각'의 의미와 만나는 지점이다. 생각을 한다는 것은 삶의
여정 가운데 잠시 멈춰 서서 지금 내가 어디쯤 와 있는지,
그리고 어디로 가고 있는지를 정교하게 헤아리는 훈련이다.

한 발 한 발, 지금 내가 내딛는 이 삶의 여정은 오직 나만의

것이다. 그러니 당연히 거룩하지 않을 리 없다. 나의 심연 속에 숨어 있는 유일한 신념, 이것이야말로 나의 보물이자 나의 천재성이다.

문제는 우리 대부분이 그 보물을 찾아 떠나는 거룩한 여행을 좀처럼 시도하지 않는다는 데 있다. 다른 누군가가 그 보물을 발견하기라도 하면 사람들은 감동의 박수를 보낸다. 늘 주저하기만 하던 이들에게 자신만의 보물을 찾아 나설 수 있도록 용기를 주기 때문이다.

가장 심오한 나의 생각이야말로 모두의 공감을 불러일으키는 가장 보편적이고 우주적이며 영적인 생각이다. 그러므로 우리는 내 안에 숨어 있는 천재적인 섬광을 감지하고 응시해야 한다.

천재들은 다른 이들이 만들어놓은 밤하늘의 별을 찬양하거나 그 내용을 암기하지 않는다. 그들은 자신의 심연 속에 감춰져 있는 이야기를 용기 있게 말한다. 그들은 자신의 내면에서 발견한 희미한 빛조차도 결코 무시하지 않는다. 스스로의 생각을 귀하게 여기기 때문이다. 내 안에서 일어나는 빛은 모두 숭고하다.

월트 휘트먼의 시 「나 자신을 위한 노래(*Song of myself*)」는 이렇게 시작한다. "나는 나 자신을 축하하고 나 자신을 노래합니다. 내가 옳다고 생각하는 것을 당신도 옳다고 생각할 것입니다."

내가 축하해야 할 대상은 나와 무관한 신이나 이데올로기가 아니다. 바로 나 자신이다. 자신의 생각을 가장 소중히 여기고, 자신의 심연에서 우러나오는 나만의 유일한 임무를 찾아내는 자가 가장 행복한 사람이다.

천재란

자신만의 고유한 생각이 있다는 것을 믿고,

그것을 지속적으로 찾는 사람이다.

그리고 찾아낸 그것을 소중히 여기며

일생 동안 묵묵히 실천하는 사람이다.

내가 축하해야 할 대상은

나와 무관한 신이나 이데올로기가 아니다.

바로 나 자신이다.

자신의 생각을 가장 소중히 여기고,

자신의 심연에서 우러나오는

나만의 유일한 임무를 찾아내는 자가

가장 행복한 사람이다.

사람들은 세상이 변해야 한다고 생각합니다.

그러나 아무도 자신이 변해야겠다고

생각하지 않습니다.

– 레프 톨스토이

현관

진화를 위해 거쳐야 하는 장소

어릴 적, 여름방학만 되면 외할머니 댁이 있는 시골에 가서 지내곤 했다. 지금의 내 얼굴을 가만히 들여다보면 거기엔 할머니의 땀과 사랑이 스며 있다.

할머니는 손주를 무조건 사랑하고 모든 것을 허용해주셨다. 다만 예외가 하나 있었는데, 문지방을 밟지 못하게 하는 것이었다. 할머니는 문지방을 밟으면 집 안으로 들어오는 복이 달아나고 대신 귀신이 들어와 우환이 생긴다고 말씀하셨다. 한창 짓궂기만 하던 어린 나는 그렇게 말씀하시는 할머니를 놀리고 싶어서 종종 문지방 위에 올라서곤 했는데, 그럴 때마다 할머니께 혼나곤 하던 기억이 있다.

현대식 건물에도 문지방과 같은 역할을 하는 장소가 있다. 건물에 들어가기 위해 반드시 통과해야 하는 장소, 바로 '현관(玄關)'이다.

현관은 내부를 외부로부터 구별하는 특별한 공간이다. 사람들은 이곳에서 건물 내부로 들어갈 준비를 하며 잠시 멈춰 선다. 이곳은 외부와 내부를 연결하는 도구들을 잠시 보관

하는 공간이기도 하다. 우리는 대개 이곳에 신발을 벗어놓으며, 우산이나 겉옷을 걸어놓기도 한다.

건축에서 현관은 주택의 정면에 낸 출입구를 지칭한다. 지금은 일반집의 단순한 출입구나 신발을 벗어놓는 장소로 그 의미가 축소되었지만 원래는 불교 사찰의 첫 번째 문을 가리킨다. 불교의 관점에서 보면 현관은 현묘(玄妙)한 도(道)로 들어가는 문, 즉 속세를 떠나 영원한 극락세계로 향하는 출발점이다.

'현(玄)'자는 누에가 고치를 치기 위해 입에서 실을 뽑는 행위와 고치 안에서 변신해 나비가 되는 변화 과정을 형상화한 한자다. 누에가 몸을 이리저리 비틀어 눈에 보이지 않을 정도로 가느다란 실을 뽑아내는 행위를 '작고 여리다'는 뜻의 한자인 '요(幺)'라 한다.

그리고 이렇게 지속적으로 고치를 짓는 행위, 즉 누에가 '가물가물'하게 나비가 되는 과정을 '현'이라고 한다. 바깥에서는 보이지 않지만 고치 안에서는 천지가 개벽하는 변신이 일어나 나비라는 상상 밖의 존재가 모습을 드러낸다. 말하자면 이곳은 이것도 저것도 아닌 모호한 상태지만 급격한 창조가 일어나는 현장이다.

라틴어에도 문지방이나 현관을 의미하는 단어가 있다. '리멘(limen)'이다. 리멘은 미래를 예측할 수 없는 불안하고 막막한 기다림의 시간 또는 장소를 가리킨다. 우리는 이 불확실한 장소를 몹시 불편해한다. 리멘은 현관처럼 나 스스로 다음 단계로 진화하기 위해 거쳐야 하는 가장자리다. '가장자리'를 의미하는 '리미트(limit)'도 이 단어에서 파생됐다. 이곳을 통과하지 않고는 다음 단계로 진입할 수 없다. 가장자리는 확실한 게 도무지 발견되지 않아 허망한 장소이기도 하다.

프랑스 인류학자 방 주네프(Arnold van Gennep)는 '리멘'의 개념을 발전시켜 『통과의례』라는 책을 저술했다. 그의 말에 따르면 새로운 단계로 진입하려는 입문자는 다음 세 단계를 거쳐야 한다.

첫 번째는 '분리' 단계다. 이는 과거로 상징되는 모든 것을 의도적으로 버리는 단계다. 자신에게 익숙하고 편안한 세계와 단절하는 것을 '혁신(革新)'이라고 하며, 이때의 '혁(革)'자는 갑골문에서 소의 가죽을 벗겨낸 모양이다.

'혁'을 완성하기 위해서는 우선 정교한 칼로 소의 몸체에서 가죽을 벗겨내야 하고, 소가죽에 남아 있는 기름과 털도 제거해야 한다. 그래야 가죽이 경직되지 않고 유연하다. 이 과정을 무두질이라고 한다.

인간은 구석기 시대부터 수렵과 사냥을 통해 얻은 가죽에 기름을 바르거나 그것을 연기에 그을리는 방식으로 연한 가죽을 얻어냈다. 무두질이 끝나면 연해진 가죽을 잿물에 담가 털과 기름을 깨끗이 제거해야 한다. 이는 자신이 가장 소중하게 여기는 가치를 가차 없이 버리는 것을 상징한다. 이런 행위는 성기에 상처를 내는 할례나 혼돈을 상징하는 물에 몸을 담그는 세례처럼 종교에서도 찾아볼 수 있다.

두 번째는 '전이(轉移)' 단계다. 분리 단계가 단시간에 일어난 사건이라면, 전이는 리멘의 단계다. 오래된 자아를 소멸시키는 기나긴 투쟁의 시간이다. 전이란 과거에 본질이라고 생각했던 것이 점점 소멸되어 새로운 자신으로 채워지는 과정이다.

이 리멘의 단계 아래에서 유유자적하는 상태를 '서브라임(sublime)'이라고 한다. 흔히 '숭고한'으로 번역되는 서브라임의 어원은 '리멘(limen)' '아래서(sub)'이다. 자신을 깊이 응시하고 자신 속에서 최선의 것을 찾으려 끊임없이 노력하는 사람은 그 자체로 숭고하다.

마지막 세 번째는 '통합' 단계다. 전이가 오랜 시간이 필요한 단계라면, 통합은 조용히 다가오는 단계다. 전이 단계에 충분히 거한 자가 자신도 모르게 들어서는 단계라고 할 수 있다.

진실로 통합 단계에 진입한 입문자는 자신이 새로운 존재가 되었는지 알지 못한다. 통합 단계는 몸에 밴 습관이나 행동을 떨쳐내고 새로운 자아를 만드는 창조의 시간이며, 동시에 문지방 위에 서 있는 불안한 시간이기도 하다. 이 새로운 단계로 진입하려면 점차 오래된 자아를 소멸시키고 온전히 자신에게 집중해 새로운 자아를 만들어야 한다. 불안한 가운데 서서히 새로운 자신의 모습이 드러나기 시작한다.

자신을 위해 스스로 만든 시간과 공간이야말로 우리의 스승이다. 그리고 이 분리된 시간과 공간을 '고독'이라고 한다. 고독은 다른 이들과 어울리지 못해 불안해하는 외로움의 상태가 아니다. 의도적인 분리의 상태이자 자신을 위한 최고의 선물이다. 자신에게 온전히 헌신하고 묵상하는 고독의 시간을 통해 보통사람들도 위대한 성인이나 위인으로 변화할 수 있다. 당신은 지금 어디쯤에 서 있는가. 자신의 삶이 변화되기를 원한다면 현관에 서라, 지금 곧.

자신을 위해 스스로 만든
시간과 공간이야말로 우리의 스승이다.
그리고 이 분리된 시간과 공간을
'고독'이라고 한다.

고독은 다른 이들과 어울리지 못해
불안해하는 외로움의 상태가 아니다.
의도적인 분리의 상태이자
자신을 위한 최고의 선물이다.

만일 당신이 어떤 일에 스트레스를 받았다면,
그 아픔은 그 일 자체로부터 온 것이 아니라
그것에 대한 당신의 생각에서 옵니다.
당신은 당장 그것을 무효화할 수 있는 힘을
가지고 있습니다.

— 마르쿠스 아우렐리우스

인내

내

열정과 몰입이 안겨주는 선물

30여 년 전, 나는 나의 혼을 순교자처럼 다 쏟고, 그 과정에서 나를 변화시킬 수 있는 그 무언가를 찾아내기 위해 깊이 고민했다. 어두운 숲속에서 헤매다 보물 상자 하나를 발견했다. 그 상자 안에는 유대교와 그리스도교의 경전인 『구약성서』가 기록된 고전 히브리어가 있었다. 내가 몰입하기 위해 찾아낸 그것은 하나의 언어였다.

히브리어 첫 수업은 좌절 그 자체였다. 글자 모양, 소리, 단어와 문장, 발음… 모든 게 너무도 생소해서 무엇을 어떻게 시작해야 할지 엄두가 나지 않았다. 그때만 해도 나는 이 언어가 내 일생의 동반자가 될 것이라고는 상상조차 하지 못했다. 그럼에도 이 낯선 언어를 향한 짝사랑을 멈출 수 없었다.

그렇게 매일 네 시간 이상 3년 동안 히브리어를 공부하자 그 언어가 내게 말을 걸어왔다. 문장의 단어와 단어 사이, 그 행간에 존재하는 의미가 서서히 보이기 시작했다. 마치 오래된 연인이 표정과 눈빛만으로도 서로의 생각을 읽을 수 있는 것처럼 말이다.

다른 이들이 도달할 수 없는 소중한 경지에 들어설 수 있는 비결은 무엇일까. 어려움과 성가심을 덤덤하게 수용하도록 만드는 사랑이다. 또한 그 사랑을 지속시킬 수 있는 힘은 다름 아닌 인내다. 사랑과 인내는 뫼비우스의 띠처럼 나뉘지 않는 신비한 합일이다. 사랑하니까 인내하고 인내하다 보면 그 사랑이 더욱더 깊어진다.

인내는 인간을 다른 동물과 구분하는 최고의 덕목이다. 자신의 한계를 점점 넓힘으로써 처음에는 상상도 하지 못했던 지경으로 인도하는 마술 지팡이다. 인류는 호모 사피엔스로 진화하면서 이 인내를 확인하고 확장하고 축하하는 의례를 발전시켜왔다. 그 옛날 아프리카에서 생존하던 인류는 다른 유인원들처럼 나무 위에서 살다가, 기후가 급격히 변하면서 나무 아래로 내려왔다. 당시 인류는 키가 1미터, 몸무게가 30킬로그램 정도로 사자의 점심 사냥감에 불과했다.

인류는 생존을 위해 두 가지를 혁신했다. 먼저 인내하며 사물을 관찰해 그 대상의 움직임을 파악하고 상상하는 뇌를 발전시켰다. 두 번째는 두 발로 걷기 시작하면서 다른 동물들이 자신을 해치는지를 살폈다. 단거리에 취약한 인간은 몸의 털을 제거함으로써 스스로 장거리에 적합한 몸으로 진화를 거듭했다. 다른 동물들과 달리 털이 없어진 인간은 몸에서 나는 열과 땀을 몸 전체로 배출하며 오랫동안 사냥감을 추적할 수 있게 됐다. 몸이 털로 뒤덮인 사냥감들은 얼마간 전력질주를 하지만 그만 지쳐 땅에 눕고 만다. 인간은 열을 발산하지 못해 입을 벌려 헐떡거리며 누워 있는 사냥감을 손쉽게 손에 넣었다.

인류의 생존 장비인 인내는 점차 취미로 진화했다. 인간은 자신의 신체를 극한의 상황으로 몰아 인내의 한계를 실험하는 스포츠를 즐긴다. 특히 올림픽의 꽃인 마라톤은 단연 돋보이는 극한의 스포츠다. 마라톤은 뛰는 사람은 물론이거니와 이를 지켜보는 이들에게도 말로 표현할 수 없는 환희와 흥미를 선사하는 묘한 매력의 스포츠다. 쉼 없이 일정한 속도로 42.195킬로미터를 달리는 사람들의 영웅적인 모습을 보면서 우리는 인생의 가장 중요한 가치인 인내를 경험하고, 그것을 찬양한다.

그런데 인간은 왜 이렇게 스스로를 극한의 상황으로까지 몰아가는 것일까. 달리기 선수들은 이 순간 특별한 엑스터시를 경험한다고 말한다. 그리고 그 경험을 신뢰한다고 말한다. 더 이상 달릴 수 없을 것 같은 극한 상황에 놓이는 순간 고통이 사라지면서 오히려 즐기며 달릴 수 있는 단계에 접어든다는 것이다.

장거리 선수들 중 일부는 완주한 뒤 평온함을 느꼈으며 행복감에 젖었다고 말한다. 이것을 영어로 '러너스 하이(runner's high)'라고 한다.

최근 과학자들은 극도의 인내를 요구하는 장거리 달리기를 하는 동안 뇌에서 특별한 화학 성분이 나온다는 사실을 발견했다. 사람의 기분을 전환시키는 성분인 '엔돌핀'이다.

세상의 모든 꽃들이 ―

저마다 아름다움을 뽐내며

우리에게 감동을 주는 이유는

스스로에게

몰입해 있기 때문이다.

꽃들은 천재지변이 있더라도

아랑곳하지 않고

자신에게 몰입한다.

장거리 달리기와 유사한 격렬한 운동을 하는 선수들의 뇌, 특히 변연계와 전두엽 부분에서 엔돌핀이 감지된 것이다. 이 부분은 사랑에 빠지거나 라흐마니노프의 〈피아노 콘체르토 3번〉과 같은 감동적인 연주를 들었을 때도 활성화되는 부분이다. '러너스 하이'는 인내가 안겨주는 종합선물세트다.

세상의 모든 꽃들이 저마다 아름다움을 뽐내며 우리에게 감동을 주는 이유는 스스로에게 몰입해 있기 때문이다. 꽃들은 천재지변이 있더라도 아랑곳하지 않고 자신에게 몰입한다. 성찰을 통해 자신의 임무를 찾아냈다면, 이제 해야 할 일은 하나다. 열정적으로 사랑하고 몰입하는 것. 그것만이 우리에게 인내를 선물한다. 그 인내는 내가 몰입한 임무를 더 깊이 사랑하도록 유도할 것이다.

기도란

신에게 무언가를 요구하는 것이 아니라

기도하는 사람의 본성을 바꾸는 일이다.

– 쇠렌 키르케고르

침묵

자신에게 몰입할 때 들리는 내면의 소리

우리는 '스마트'한 시대에 살고 있다. 스마트폰 속에는 인류가 지금까지 축적해온 온갖 정보가 담겨 있다. 힘들이지 않고 손가락의 작은 움직임만으로도 동서고금의 지식과 석학들의 지혜를 한순간에 캐낼 수 있다.

SNS 속의 친구들뿐 아니라 지구 저편에 살고 있는 사람들까지 어떻게 나를 아는지 잠시도 쉬지 않고 띵동거리며 스마트폰 화면을 두드린다. 종종 날아드는 정체불명의 단체 스팸 문자는 나의 정신을 혼미하게 만든다.

'스마트(smart)'라는 영어 단어가 처음부터 "빠르고 똑똑하고 자발적인"이라는 의미를 가졌던 것은 아니다. 스마트는 원래 "괴로움을 주는/고통을 수반하는"이라는 뜻이었다. 편리하긴 하지만 나를 나답지 못하게 방해하니 스마트폰은 괴로움을 주는 미운 오리 새끼가 분명하다.

스마트 시대에 '깨어 있는 나'로 산다는 것은 어떤 의미일까. 세상의 많은 지식을 송두리째 머릿속에 담는다는 의미는 분명 아니다. 타인의 흉내를 내는 일도 아니다. 깨어 있음이란 내 안에 숨어 있는 '또 다른 나'가 보내는 소리에 귀를 기울이는 행위다. 또한 또 다른 나에게 말을 걸어 자신의 미션을 알아가는 행위다.

거리에 서면 귀를 기울이지 않아도 들려오는 소리들이 있다. 그 소리는 나뿐만 아니라 누구나 들을 수 있는 소리다. 그러나 '잘 듣는 것' 혹은 '다른 사람들이 감지하지 못하는 소리를 듣는 것'에는 의도적인 노력이 필요하다. 누군가와 대화를 할 때 상대방의 말에 집중하지 않는다면, 그것은 소음에 불과하다. 반대로 상대방의 말에 집중할 때 우리는 그 말의 숨은 의도까지 파악할 수 있다.

고대 이스라엘의 엘리야(Elijah)라는 예언자는 특별한 소리를 들을 수 있었다. 예언자를 히브리어로 '나비(nabi)'라고 한다. 나비는 깊은 묵상과 기도를 통해 신의 음성을 듣고 사람들에게 전달한다. 그들은 신의 소리, 들리지 않는 소리, 침묵의 소리를 들었다.

'깨어 있는 나'로 산다는 것은 어떤 의미일까.

세상의 많은 지식을 송두리째

머릿속에 담는다는 의미는 분명 아니다.

타인의 흉내를 내는 일도 아니다.

깨어 있음이란

내 안에 숨어 있는

'또 다른 나'가 보내는 소리에

귀를 기울이는 행위다.

엘리야는 고대 북이스라엘의 왕 아합 시대에 활동했다. 아합 왕은 나라를 부유하게 건설한 유능한 왕이었다. 아합은 이스라엘 동편에 위치한 나라 아람을 정복해 영토를 확장했다. 또한 해상 강국인 페니키아 출신의 이세벨과 결혼해 지중해 상권을 장악했다.

겉으로는 나라가 부유해진 것처럼 보였으나 현실에서는 부익부 빈익빈 현상이 심화됐다. 당시 지식인들은 아합과 이세벨이 추진하는 배금주의의 노예가 되어 불의한 사회 체제를 유지하는 선봉에 서 있었다. 이때 등장한 예언자가 바로 엘리야다.

엘리야는 이스라엘이 선진 사회가 되려면 구성원 각자가 자신의 마음속에 숨어 있는 보화를 발견해야 한다고 촉구했다. 여기서 보화란 타인의 기준이나 욕망을 쫓아가는 집단적 배금주의가 아니다. 그것은 자신만의 위대한 무언가다. 그래서 엘리야는 배금주의를 부추기며 아합 왕에게 아부하는 950명의 예언자들과 정면 대결한다. 950명의 부화뇌동하는 지식인들과 한 명의 지식인이 고대 이스라엘의 영적인 부활을 위해 대결한 것이다. 엘리야는 한 가지를 요구한다. 이 촉구를 종교적으로 말하면 '회개(悔改)'다.

'회개하다'는 라틴어로 '아기테 파이니텐티암(agite paenitentiam)'이며, 이는 '고해성사하라'라는 의미를 갖고 있다. 이로써 회개가 고해성사를 뜻하는 말과 동일시됐다. 그러나 『신약성서』가 기록된 고대 그리스어 문장을 보면 '회개하라'의 원래 의미는 '메타노에이테(metanoeite)'로 번역되어 있다. 이 말의 축자적인 의미는 '마음을 바꾸라!'다. 더 심오한 의미는 '당신 안에 숨겨져 있는 신의 목소리를 듣고 순종하라!'는 뜻의 고대 히브리어 '슈브(shub)'다.

회개란 다른 사람이 만들어놓은 틀과 규율을 어겨서 그것을 후회하고 다시는 그렇게 행동하지 않겠다는 결심이 아니다. 회개란 자신의 심연을 들여다보고 그 안에서 흘러나오는 신의 미세한 소리에 반응하는 영적인 운동이다.

아합과 이세벨은 자신들의 통치를 방해하는 예언자 엘리야를 죽이려 하고, 엘리야는 목숨 부지를 위해 도망치는 신세가 된다. 40일 동안 밤낮으로 걸어 아무도 거주하지 않는 황량한 불모의 땅에 들어선 그는 화산 분출로 이루어진 험준한 산속 동굴에서 새우잠을 청한다. 일생을 국가와 민족을 위해 산 엘리야였건만 돌아온 것은 왕으로부터의 살해 위협뿐이었다.

엘리야는 이제 경계와 심연의 장소인 동굴에서 자신의 삶을 바라보기 시작한다. 그는 아무런 소리도 들리지 않고 아무것도 보이지 않는 동굴에 누워 자신을 관찰했다. '나는 누구인가?'

바로 그 순간, 그는 자신에게 말을 거는 어떤 소리를 듣는다. 인간의 귀로는 들을 수 없을 만큼 작디작은 소리. 이 소리는 누구나 들을 수 있는 소리가 아니었다. 자신에게 온전히 몰입할 때 비로소 들리기 시작하는 '내면의 소리'였다. 엘리야는 마음의 소리를 듣자마자 불평을 쏟아낸다. "일생을 올바르게 살아왔는데… 차라리 죽는 편이 낫겠다."

회개란

다른 사람이 만들어놓은

틀과 규율을 어겨서

그것을 후회하고

다시는 그렇게

행동하지 않겠다는

결심이 아니다.

회개란
자신의 심연을 들여다보고
그 안에서 흘러나오는
신의 미세한 소리에
반응하는
영적인 운동이다.

그러자 마음의 소리가 말한다. "나는 네가 찾아다닌 바로 그 신이다. 지금 네 앞에 내 모습을 드러내겠다. 산 위에서 나를 찾아보아라!"

돌연 거센 바람이 불어 산이 쪼개지고, 지진이 일어나면서 화산이 분출하고 용암이 넘쳐났다. 하지만 그 속에 신은 없었다. 불이 휩쓸고 지나간 한참 뒤에야 어떤 미세한 소리가 들려왔다. 바로 '섬세한 침묵의 소리'였다. 그 순간 엘리야는 섬세한 침묵의 소리가 다름 아닌 신이라는 사실을 깨닫는다. 신이란 외부에 있는 존재가 아니라 자신의 마음의 소리, 온 마음을 집중할 때 비로소 들을 수 있는 침묵의 소리임을 깨닫는다. 엘리야는 삶과 죽음의 경계에서 마음속 깊이 숨어 있던 자신의 소리를 듣게 된다.

'침묵의 소리'는 '침묵'과 '소리'가 합쳐진 형용 모순이다. 이를 수식한 '섬세한' 침묵의 소리는 몰입을 통해서만 들을 수 있다. 예루살렘이라는 가시적인 공간을 떠나 인간의 마음속으로 들어온 신은 자신의 목소리를 들을 수 있는 혁신자를 기다린다. 만일 우리가 각자의 심연으로 들어가 그 침묵의 소리를 들을 수 있다면, 우리는 그곳에서 신을 발견하게 될 것이다.

함석헌 선생은 「그대는 골방을 가졌는가」라는 시를 통해 우리에게 묻는다.

그대는 골방을 가졌는가?
이 세상의 소리가 들리지 않는
이 세상의 냄새가 들어오지 않는
은밀한 골방을 그대는 가졌는가?

(중략)

그대 맘의 네 문 밀밀히 닫고
세상 소리와 냄새 다 끊어버린 후
맑은 등잔 하나 가만히 밝혀만 놓으면
극진하신 님의 꿀 같은 속삭임을 들을 수 있네

실수하지 않은 사람을 내게 보여주세요.

내가 그 사람이 별 볼일 없는

사람이란 것을 보여줄게요.

– 조앤 콜린스

실
패

———

어두운 숲속에서 길을 잃은 적이 있는가

나만의 길은 유일해서 더욱 가치 있고 아름답다. 다만 누구도 가본 적이 없는 길이기에 나 스스로 안내자가 되어야 한다. 아침마다 행하는 나만의 의례가 있다. 반가좌를 틀고 앉아 심호흡을 하며 그날의 임무를 대담하고 간결하며 거침없이 행할 것을 다짐하는 것이다. 그런데 이때 문제가 하나 있다. 바로 내가 가야 하는 길이 "어두운 숲속" 건너편에 있다는 점이다.

유럽 중세의 어두운 숲에서 나와 새로운 시대를 열고자 했던 한 위대한 인물이 있다. 이탈리아 시인 단테다. 원래 피렌체의 정치가였던 그는 1302년 외교관으로 국외에 머무르는 동안 정권이 바뀌어 추방을 당하게 되고, 고향으로 돌아올 수 없는 신세가 된다. 그는 투스카니 지방을 돌아다니며 고향 피렌체로 돌아갈 수 있기를 간절히 기다렸다. 그는 동료 추방자들과 혁명을 기획했고, 심지어 적들과 반역을 꾀했지만 고향으로 돌아오지 못했다.

이 추방의 시간은 단테에게 창조적인 수련 기간이 되어주었다. 이 기간 동안 그는 새롭게 태어난다. 그는 어둡고 고통스러운 시간 속에서 자신의 심연을 응시함으로써 새롭고 위대한 자신을 발견하게 된다.

1308년부터 그가 죽은 해인 1321년 사이 단테는 『신곡』을 저술한다. 그는 이 책을 통해 이탈리아 각 도시에서 사용하는 방언들을 통일했고, 이로써 이탈리아 정신을 통일하는 문필가로 거듭난다. 『신곡』은 추방과 소외라는 혼돈이 낳은 밤하늘의 춤추는 별이다. 『신곡』의 첫 부분인 '지옥' 편은 이렇게 시작한다.

"우리 인생 여정의 한가운데에서, 나는 어두운 숲속에서 헤매고 있는 자신을 발견했다. 그곳에는 반듯한 길이 숨겨져 있다."

이 글에서 단테는 대명사 '우리'와 '나'를 대비시킨다. '우리'가 이 시를 읽는 독자라면, '나'는 단테 자신이다. '나' 단테는 자신이 경험한 '지옥'을 이 책을 읽는 독자들에게 간접적으로 경험하게 한다. 이 지옥 여행은 우리의 인생 여정을 은유한다. 자신을 위한 위대하고 유일한 삶은 알려지지 않은 그 길을 찾아나서는 용기에서 시작한다.

단테는 『신곡』을 쓰기 전 길을 잃고 방황하고 있었다. 그는 육체적으로나 영적으로나 심리적으로나 도덕적으로나, 심지어 정치적으로도 자신의 길을 찾지 못했다. 다시 말해 "어두운 숲속"의 미로를 헤매고 있었다.

'어두운 숲속'이라는 표현은 단테 이전에도 등장한 바 있다. 1세기 로마 시인 베르길리우스는 『아이네이스』에서 지옥으로 들어가는 입구에 자리 잡은 "검은 숲"에 대해 언급한다. 4세기 로마 신학자 아우구스티누스 역시 『신의 도성』에서 로마제국의 멸망을 묘사하면서 이 장소를 "낯선 장소"라고 명명한다.

이 "어두운 숲속"에는 "반듯한 길이 숨겨져 있다". 단테는 숲속에서 정처 없이 헤매고 있는 자신을 발견한다. 그는 생각하고 말하며 행동하는 자신을 제2의 자아라는 낯선 자의 눈으로 관조한다. 스스로 자신의 관찰자가 되어 심지어 자신의 숨소리마저 응시한다. 그러다 그림자처럼 자신을 인도하는 한 인물을 찾아낸다. 바로 1세기 로마의 작가 베르길리우스다. 단테는 베르길리우스를 통해 지옥에서 빠져나와 연옥과 천국으로의 여행을 떠난다.

『해리 포터』 시리즈로 영국의 최고 갑부가 된 조앤 롤링은 스물여섯 살 시절의 자신을 담담하게 묘사한다. 당시 그녀는 이혼녀였고 딸을 돌봐야 하는 엄마였다. 게다가 런던 거리의 홈리스였다. 한마디로 그녀는 끝이 보이지 않는 캄캄한 터널 속에 갇혀 있었다. 터널이 어찌나 긴지, 그 끝에 불빛이 있는지조차 알 수 없는 '지옥'과도 같은 시간이었다.
고통과 암흑의 시간 동안 그녀는 자신의 삶에서 본질적이지 않은 것들을 제거하기 시작했다. '자기 자신'이 아닌 척하기를 그만둔 것이다. 동시에 자신에게 가장 중요하고 절실한 일을 헤아려 그것에 집중했다. 그녀는 자신을 남과 비교하는 의존적이고 종속적인 인간이기를 그치고, 자신을 깊이 응시하며 새롭고도 놀라운 자신만의 길을 찾아 나섰다.

단테의 『신곡』은 이렇게 시작한다.

"우리 인생 여정의 한가운데에서,
나는 어두운 숲속에서
헤매고 있는 자신을 발견했다.
그곳에는 반듯한 길이 숨겨져 있다."

인간은 저마다
어두운 숲속에서도 살아남을 수 있는
생존 장비를 가지고 있다.

그것은 바로 열정을 발휘하게 하는
나만의 고유 임무다.

이 '지옥'의 한가운데서 조앤 롤링은 자신이 살아 있고, 사랑하는 딸이 있으며, 무엇보다도 멋진 이야기를 엮어낼 수 있는 상상력과 오래된 타자기가 있다는 사실을 깨닫는다. 또한 자신 속에 자신이 생각했던 것보다 더 강력한 의지가 숨어 있으며, 그것을 관철시킬 수 있는 끈기 또한 있음을 깨닫는다.

바로 그때 그녀의 '어두운 터널'은 인생을 통해 이루어야만 하는 자신만의 임무를 현시하는 에피파니의 순간이 됐다. '에피파니(epiphany)'는 '현현(顯顯)'을 뜻하는 고대 그리스어로, '신이 자신을 찾는 이에게 자신의 모습을 드러내는 것'을 의미한다. 이 에피파니의 순간에 그녀는 자신이 가야 할 길과 해야 할 일을 찾아냈다. 바닥 모를 심연으로 한없이 추락했었으나 그 심연은 오히려 단단한 바닥이 되어 스스로 딛고 일어설 수 있도록 해주었다. '어두운 터널'은 조앤 롤링의 내면에 잠재해 있던 위대한 DNA를 끄집어내는 혹독하고도 필연적인 과정이 됐다.

어두운 숲속에서는 누구나 길을 잃을 수밖에 없다. 그래서 사람들은 그 실패가 두려워 아예 숲속으로 들어가려는 시도 조차 하지 않는다. 그러나 아무것도 시도하지 않는 것, 그것은 인생의 더 큰 실패다. 훗날 숲속으로의 여행을 감행하지 않은 자신을 후회하게 될 뿐이다.

인간은 저마다 어두운 숲속에서도 살아남을 수 있는 생존 장비를 가지고 있다. 그것은 바로 열정을 발휘하게 하는 나만의 고유 임무다. 누구나 때가 되면 죽는다는 이 불변의 진리를 깨닫는다면 자신에게 진실로 의미 있고 아름다운 일에 집중할 수 있다. 당신은 과연 죽음도 두렵지 않은 당신만의 임무를 가지고 있는가.

당신이 들어가기를 두려워하는 그 동굴에

당신이 찾는 보화가 가득 차 있습니다.

— 조셉 캠벨

동굴

환상과 공포가 함께 존재하는 매혹적인 공간

모든 동굴은 거룩하다. 동굴은 환상과 공포가 동시에 존재하는 공간이다. 종교학자 루돌프 오토(Rudolf Otto)는 '거룩'의 의미를 "신비, 전율, 매혹으로 가득 찬 반짝임"이라고 말한다.

동굴은 인간이 세상으로 나오기 전에 머물던 어머니의 뱃속이며, 세상을 떠날 때 들어가야 하는 무덤이다. 그러므로 동굴은 생명이 창조되는 공간인 동시에 소멸과 죽음의 공간이다. 우리가 지금 머물고 있는 이곳은 두 동굴 사이에 존재하는 정거장일 뿐이다. 새로운 세상과 마주하기 위해서는 동굴 속에서 빠져나와야 하며, 이 과정은 때때로 목숨을 걸어야 할 만큼 험난하고 고단하다.

독일의 영화감독 베르너 헤어조크(Werner Herzog)는 다큐멘터리 영화감독으로 더 유명하다. 그가 관심을 갖는 것은 동물, 경치 그리고 우주 안에 숨어 있는 성스러운 질서다. 그는 인간이 도저히 가늠할 수 없는 숭고함을 찾아 헤매는 여정과, 이 여정에서 결국 좌절할 수밖에 없는 인간의 탄식을 카메라에 담는다.

그의 영화는 철학적 논고이자 환상적 시이며, 인간에 대한 탐구이자 기이한 꿈이다. 그래서 그의 영화는 신비하고도 사색적이다. 헤어조크는 영화를 만드는 예술적 창조 영역과 인간됨의 영역이 다르지 않다고 말한다. 그의 영화는 우리를 거대한 원형경기장 안으로 인도해 그 한가운데 서게 한다. 그럼으로써 초라하지만 독립적인 존재로서의 자신을 발견하게 한다.

1994년, 장—마리 쇼베(Jean-Marie Chauvet)를 포함한 세 명의 동굴 탐험가는 벽화로 가득한 동굴을 발견한다. 프랑스 남부 아르데슈에 위치한 동굴이다. 이는 인류 역사상 가장 위대한 고고학적 발견일 것이다.

동굴 속 벽화들은 기원전 3만 2000년에서 1만 년 전 사이에 그려진 것으로, 그 유명한 라스코 동굴 벽화보다 1만 5000년 이상이나 오래됐다. 인류가 남긴 이 최초의 예술작품을

동굴은

생명이 창조되는

공간인 동시에

소멸과 죽음의

공간이다.

우리가 지금

머물고 있는 이곳은

두 동굴 사이에 존재하는
정거장일 뿐이다.

촬영한 사람이 바로 헤어조크다. 그는 동굴 촬영에 대한 프랑스 문화부의 예외적인 허가를 받은 유일한 사람이다.

쇼베 동굴은(이를 발견한 장-마리 쇼베의 이름을 따 쇼베 동굴로 부른다) 인류가 잃어버린 최초의 성당이다. 헤어조크의 영화 〈잃어버린 꿈의 동굴〉은 이 성당의 심오한 신비에 대한 성찰이다. 현생 인류의 조상인 크로마뇽인들은 이 벽화에 동물들을 그려놓았다. 동굴 벽화에 인간은 거의 등장하지 않는다. 선사시대 예술을 보면 크로마뇽인들은 자신들의 모습을 의도적으로 드러내지 않은 것 같다.

3만 2000년이라는 유구한 세월 동안 정지해 있던 벽화 속 동물들은 헤어조크의 카메라 빛을 받아 다시 움직이기 시작한다.

2010년 봄, 헤어조크는 세 명의 카메라 감독과 함께 하루 네 시간씩 엿새 동안 동굴 안으로 들어갔다. 그들은 헬멧을 쓴 채 너비 60센티미터, 길이 400미터의 미로를 따라가며 촬

영을 감행했다. 무아 상태에서 이루어진 촬영이었다. 축구 경기장만 한 크기의 동굴 속은 지하 깊숙이 숨어 있는 복잡한 미로와도 같다.

빙하시대 눈사태로 큰 바위가 동굴 입구를 막은 덕에 벽화들은 거의 원형 상태를 유지했다. 동굴 벽과 천장에는 말, 곰, 들소, 코뿔소 그리고 지금은 멸종된 동물들의 그림으로 가득 차 있다. 헤어조크는 열이 발생하지 않는 3D 카메라로 이 신성하고 거룩한 장면들을 담아낸다.

크로마뇽인들은 어쩌다 이 지하 동굴로 내려갔을까. 그리고 왜 동굴 벽에 동물 그림을 그려놓았을까. 헤어조크의 3D 카메라는 어머니의 자궁과도 같이 좁고 어두운 동굴 내부를 생생하게 담아낸다.

그림 속 동물들의 다리는 신기하게도 네 개가 아닌 여덟 개다. 보통 질주하는 말을 보면 다리가 여덟 개로 보이는 환각에 빠지곤 한다. 이런 이유로 벽화를 그린 크로마뇽인 역시 헐떡이며 질주하는 말의 다리를 네 개가 아닌 여덟 개로 표현한 것은 아닐까.

동물의 다리를 여덟 개로 표현하는 전통은 이후에도 찾아볼 수 있다. 바빌로니아나 이집트 부조물에도 황소 다리가 여섯 개나 여덟 개로 표현되어 있다.

헤어조크의 3D 카메라는 생명의 역동성 혹은 질주의 운동성을 표현하는 마술 상자다. 동굴 속 벽화는 정지된 상태가 아니라 힘차게 움직이는 모습을 표현한 최초의 '프로토 시네마(proto-cinema)'다. 쇼베 동굴은 '인간 영혼의 탄생'의 순간을 담은 숭고한 제단이다. 애초 영화의 주인공은 벽화 속의 동물들이었지만 어느 순간 그들을 보는 우리로 바뀐다. 동굴이 가져다주는 오싹하고 스산한 분위기는 헤어조크의 형이상학적 세계관의 표현이다.

그는 전에도 다큐멘터리 영화 〈그리즐리 맨(*Grizzly Man*)〉에서 '회색곰'을 카메라에 담은 적이 있다. 영화 속 회색곰은 은밀하면서도 압도적인 힘으로 우리를 한 번도 가본 적이 없는 세계로 인도한다. 그런데 그 세계는 신기하게도 낯설지가 않다. 다르지만 낯설지 않은 이 세계는 헤어조크뿐 아니라 모든 인간이 꿈꾸는 환상의 공간이다.

헤어조크는 3D를 통해 이전까지 경험할 수 없었던 다른 세계를 여과 없이 보여준다. 경험하지 못한 이 세계는 점차 내 안에 숨어 있던 원초적인 환희의 감정을 불러일으킨다.

구석기시대 크로마뇽인들이 그린 이미지는 신비롭기 그지없다. 생생하고 아름다우며 군더더기가 없다. 이 이미지들이 그려진 지 수만 년이 지난 지금, 동굴에는 수많은 종유석과 석순이 자라나고 분홍색 방해석이 가득 차 있다. 동굴 바닥은 수정 카펫을 깔아놓은 것처럼 반짝거린다. 다이아몬드 같은 축적물에 둘러싸인 곰의 해골은 죽음의 예술가로 불리는 데미언 허스트(Damien Hirst)의 다이아몬드 해골만큼이나 눈부신 빛을 발한다.

이 영화의 주제는 묵상이다. 지하 수십 미터 아래에서는 아무 소리도 들리지 않는다. 쇼베 동굴은 우리에게 자연스럽게 침묵을 강요하며 거의 종교적인 경외심에 가까운 감정을 경험하게 한다.

깜빡이는 불빛 사이로 펼쳐지는 말, 곰, 코뿔소들의 생동감 넘치는 이미지가 우리의 정신을 강렬하게 사로잡는다. 동굴 입구 방향으로 돌출되어 있는 커다란 바위는 동물의 두개골로 장식되어 있다. 이 바위는 아마도 제단의 역할을 했으리라. 예수가 십자가를 지고 올라간 골고다 언덕이나 이슬람교의 성지 메카에 있는 카바 바위처럼. 동굴에 그려진 동물들은 다름 아닌 인간의 '제2의 자아'다. 맨 안쪽에서 발견된 종유석에는 반인반수의 그림이 그려져 있다. 〈빌렌도르프의 비너스〉로 불리는 조각상처럼 통통하고 성적 매력이 넘치는 여성을 황소가 감싸고 있는 형상이다.

구석기시대 인류는 우리와 다른 세계관을 갖고 있었다. 첫째는 '유동성'이다. 유동성이란 인간과 동물이 분리되지 않았음을 뜻하는 말이다. 아프리카 대륙의 칼라하리 부족들은 지금까지도 원시적인 사냥을 한다. 이들은 독을 묻힌 화살이나 창을 이용해 동물을 사냥한 뒤, 절규하며 죽어가는 동물을 붙잡고 함께 절규하는 의식을 행한다. 칼리하리 부족민들은 인간과 동물, 사냥꾼과 사냥감이 서로 다른 존재가 아닌 하나라고 생각했다.

둘째는 '투과성'이다. 크로마뇽인들은 쇼베 동굴을 자신들이 살고 있는 세계가 아닌 저 너머의 세계, 즉 사후 세계라고 생각했던 것 같다. 그러면서 자신들을 살아 있는 동안 육체의 세계와 영적인 세계를 자유자재로 넘나들 수 있는 존재로 여겼던 것은 아닐까. 그런 의미에서 본다면 그들은 순간을 살면서도 영원을 경험하려 시도하는 '영적 인간(Homo Spritualis)'이다.

일찍이 스웨덴의 식물학자 칼 폰 린네(Carl von Linne)는 인간을 '지혜로운 유인원'이라는 의미의 '호모 사피엔스(Homo Sapiens)'라고 불렀다. 하지만 인류의 지식은 날로 늘어나는 반면 지혜는 그렇지 못했다. 우리가 우주의 기원이나 생명에 대해 아는 것은 거의 없다. 오히려 인간의 천재성은 끝없는 호기심과 탐구심 그리고 자신이 발견한 세계가 우주의 일부일 뿐이라는 사실을 확인한다. 그 신비하고 영적인 세계를 추구하는 인간의 이름은 '호모 사피엔스'보다 '호모 스 프리투알리스'가 더 어울리는 것 같다.

쇼베 동굴의 벽화는 빛이 자취를 감추기 시작하는 지점에서 등장한다. 이 어두운 구석에서 종교와 예술이 탄생했을 것이다. 헤어조크는 어둠과 빛의 경계에서 어떻게 인류의 정신이 탄생했는지를 조망한다. 그에게 영화란 영적 추구의 과정이자 산물이다. 카메라가 뿜어내는 빛은 벽화가 그려진 동굴의 물결을 따라 움직이며 왜곡된 형태를 만들어낸다. 동물들이 마치 살아 있는 듯 여덟 개의 다리로 달리기 시작한다.

빛과 그림자, 밝음과 어둠은 동굴 속 벽화를 감상하게 만드는 도구다. 영화를 보는 이들은 이 거룩한 공간에서 저 너머의 세계를 경험하는 동시에 '황홀'이라는 진실과 마주한다. 문득 나는 이런 동굴을 갖고 있는지 궁금해졌다. 크로마뇽인들이 드나들던 동굴처럼 침묵으로 가득 찬 이런 공간을 나는 가지고 있는가.

빛과 그림자, 밝음과 어둠은
동굴 속 벽화를 감상하게 만드는 도구다.
영화를 보는 이들은 이 거룩한 공간에서
저 너머의 세계를 경험하는 동시에
'황홀'이라는 진실과 마주한다.

문득 나는
이런 동굴을 갖고 있는지 궁금해졌다.
크로마뇽인들이 드나들던 동굴처럼
침묵으로 가득 찬 이런 공간을
나는 가지고 있는가.

2부

관조,
있는 그대로의 나를 발견하기

검토되지 않은 삶은

살 만한 가치가 없습니다.

– 소크라테스

묵상

나를 돌아보게 하는 제3의 눈

이른 아침마다 나는 집을 나와 근처 호숫가로 향한다. 매일 이른 시간에 신발 끈을 동여매고 대문을 나서는 일이 귀찮기도 하지만 산책이 가져다주는 행복감을 상상하면 설레기도 한다. 거룩이란 일상에서 탈출해 낯선 오감으로 세상을 감지하는 연습이다. 호수는 아침 햇살에 반짝이며 잔잔히 일렁인다. 아침 호수는 한순간도 정지하지 않고 움직이지만 마치 모든 게 정지된 듯 고요하다.

호수는 웅장한 천상의 거울이다. 온 세상을 비추면서도 정작 자기 자신에게는 무심하다. 자신은 온 데 간 데 없고, 하늘에 떠 있는 구름과 가끔씩 날아가는 학과 두루미를 비출 뿐이다. 순간 나는 그 잔잔한 거울 위를 유영하는 나를 발견한다. 샤갈의 그림 〈도시 위에서〉처럼 여기도 아니고 저기도 아닌 것, 나는 환희에 가득 차 내가 하늘에 있는지 물에 있는지 잊고 만다.

나에게 호수는 묵상이다. 매일 아침 내 마음은 거대한 자연의 비밀을 훔쳐보는 관객의 기쁨으로 넘쳐난다. 인간의 언어와 숫자는 이 벅찬 감정을 표현하기에 턱없이 부족하다. 전통적인 철학이나 종교, 수학의 표현을 넘어서는 압도적인 감동이다. 나는 내 마음속 깊은 곳에 이런 벅찬 감정이 숨어 있다는 사실에 놀란다.

호수는 일상이 강요하는 산만함과 진부함을 단숨에 물리친다. 그 옛날 천상의 마차를 타고 승천했다는 예언자 엘리야의 기분이 꼭 이랬을까. 호수는 언제나 그 자리에 있었다. 단지 내가 보지 못했을 뿐이다. 언제나 그 자리에 있다는 이유로 무의미하게 치부했던 것이다.

동일한 사물이나 사람을 깊이 응시하고 자신이 사라지는 상태로 진입하는 단계를 '관조(觀照)'라고 한다. 아리스토텔레스는 관조를 그리스어로 '테오리아(theoria)', 즉 '인간의 최선'이라고 했다. 이 'theoria'로부터 '이론'을 뜻하는 영어 단어 'theory'가 파생했다. 이론이란 고착된 편견이나 굳어진 도그마가 아니다.

고대 그리스 문명의 기반은 비극 경연에서 출발한다. 비극 경연이나 올림픽 경기에는 세 부류의 사람들이 유기적으로 참여했다. 후원자, 선수 혹은 배우 그리고 관객. 이들의 목적은 각기 달랐다. 우선 후원자는 비극 경연이나 올림픽 경기를 주관한 도시나 그 도시가 선정한 경제적 후원자다. 이들은 자신이 속한 공동체를 행복하게 만들기 위해서는 상대방을 배려하고 양보하는 마음이 절대적이라고 판단했다. 지도자의 역량만큼 그들이 속한 사회가 성숙하게 된다.

두 번째 부류는 경기에 직접 참여하는 선수들이거나 비극 무대에서 연기하는 배우들이다. 이들은 자신의 영광과 명예 또는 경제적 이윤을 위해 참여한다. 고대 그리스 사회에서도 공적으로 인정받는 '존경'이 그 사람에 대한 가치의 척도였다.

그리고 이 선수나 배우보다 더 중요한 세 번째 부류는 바로 관객이다. 경기와 연극의 존재 이유, 그리고 성공과 실패는 바로 이들의 인정에 달렸다. 관객이 가장 중요한 이유는 그들의 자유로움 때문이다. 관객은 그 어떤 것에서도 자유롭다. 그들은 영광과 명예 또는 이익과 이윤을 위해 관람하지 않는다. 그들은 자발적으로 자신이 원하는 경기나 연극을 자유롭게 관조한다. 이 관조를 위해 기꺼이 비용을 지불하고 눈앞의 경기나 연극에 몰입한다.

몰입도는 우선 후원자와 배우들의 실력에 따라 달라진다. 그들이 자신의 임무에 충실하면 기적이 일어난다. 관객들이 경기에 참여한 운동선수나 배우의 움직임에 기꺼이 몰입하는 순간, 그들 자신은 슬그머니 사라진다. 그러고는 마치 자신이 무대 위에서 연기를 하듯 울고 웃으며 불안과 희열을 표현한다.

배우는 관객과 자신의 몰입을 돕기 위해 어떤 물건으로 목소리가 나오는 입과 얼굴을 가린다. 이 물건을 '가면'이라고 한다. 라틴어로 가면을 뜻하는 '페르소나(persona)'에서 인간이라는 영어 단어 'person'이 파생했다. 인간은 원래 가면을 쓴 존재다. 이는 '가식적인 존재'라는 말이 아니다. '우주에서 자신에게 맡겨진 유일한 배역을 알고 있는지, 그것을 알았다면 최선을 다했는지를 묻는 존재'라는 뜻이다.

인간은 원래

가면을 쓴 존재다.

이는 '가식적인 존재'라는

말이 아니다.

'우주에서

자신에게 맡겨진

유일한 배역을 알고 있는지,

그것을 알았다면

최선을 다했는지를

묻는 존재'라는 뜻이다.

배우는 가면으로 자신의 얼굴을 가린 채 몸짓과 목소리만으로 극중 인물을 표현한다. 배우가 배역에 집중해 무아 상태로 진입하면, 관객들 역시 한순간 가면 뒤의 배우로 변모한다. 배우의 공포와 연민을 함께 느끼는 것이다. 관객은 무대 위의 배우나 극중 인물이 아닌 바로 자기 자신을 제3의 눈으로 관조한다. 감정 이입과 관조, 몰입과 성찰이 동시에 이루어진다. '극장'이라는 뜻의 영어 '시어터(theatre)'는 "무대에서 비극적인 상황에 빠져 고민하는 자기 자신을 관조하는 장소"라는 의미다. 인류가 처음으로 스스로 제3자가 되어 자기 자신을 보기 시작한 것이다.

오늘날 전해지는 가장 오래된 비극은 기원전 472년에 첫 상연된 〈페르시아인들〉이다. 아이스킬로스(Aeschylos)는 이 작품에서 신화적인 내용이 아닌 역사적인 사건을 다룬다.
기원전 480년, 당시 페르시아제국은 이집트부터 인디아까지 23개국을 점령한 인류 최초의 세계 제국이었다. 그리스의 도시국가들은 페르시아에 맞서 아테네를 중심으로 힘을 합쳤다. 그리고 살라미스 해협에서 거의 기적적으로 페르시아제국을 격퇴했다. 이 사건이 바로 살라미스 해전이다. 이 전쟁은 문명의 중심이 오리엔트에서 그리스와 유럽으로 옮겨가는 중요한 시발점이 되었다.

아이스킬로스의 〈페르시아인들〉은 이 전쟁을 다룬 연극이다. 이때 아이스킬로스의 연극이 무대에 오르도록 재정적으로 후원한 사람들이 있었다. '코레고스'라 불린 이들은 무대 장치 비용과 배우들의 월급 등 연극 제작 및 공연에 필요한 모든 것을 후원했다.

이 연극의 첫 번째 코레고스는 페리클레스였다. 페리클레스는 아테네 귀족 집안에서 태어나 아테네 민주주의를 정착시키고 서양 민주주의 근간을 다진 위대한 정치가다. 그는 스물세 살이었을 때 살라미스 전쟁의 승리로 인해 아테네가 그리스 문명의 중심, 나아가 세계 문명의 중심지가 될 것을 직감하고 위대한 민주주의의 기틀이 무엇인지 고민했다.

페리클레스와 아이스킬로스는 공통점이 있었다. 이들은 그리스의 찬란한 문명은 아테네 시민 각자의 자주적이고 자발적인 '관조' 수련을 통해 도달할 수 있다고 확신했다. 아이스킬로스가 〈페르시아인들〉을 쓴 것도, 페리클레스가 〈페르시아인들〉의 코레고스가 된 것도 다가올 찬란한 미래를 관조하고, 아테네 시민들에게 그 관조를 훈련시키기 위해서였다. 이들은 위대한 서양 문명의 기초는 시민들의 관조 훈련과 이들의 민주의식에서 발현한다고 믿었다.

기원전 472년 봄, 아테네 시민들이 원형극장으로 모여들었다. 최초로 상연되는 〈페르시아인들〉을 보기 위해서였다. 관객들은 대부분 살라미스 전쟁의 참전 용사들이었다. 이들은 살라미스 전쟁에서 사용했던 투구를 쓰고 방패를 든 채자리에 앉았다. 믹이 오르기 전, 감동적인 행렬이 이어졌다. 전사자들의 유족들이 죽은 자들의 투구와 방패를 들고 행진을 했다. 이들을 보는 동료 아테네 시민들은 소리 없이 눈물을 흘렸다. 극장은 삶과 죽음의 경계에서 살아 있다는 기쁨과 감사 그리고 죽은 자들을 위한 슬픔과 연민으로 가득 찼다. 이 유족들은 관람석 맨 앞에 자리를 잡았다.

관객들은 이 시민 행사인 연극을 통해 자신들의 위대함을 확인하고 승리를 만끽하고 싶었을 것이다. 아마도 축배를 들고 '위대한 아테네!'를 외치고 싶었을 것이다. 그러나 그리스 최초의 비극인 〈페르시아인들〉에는 그리스인들이 한 명도 등장하지 않는다. 왜 페르시아제국이 아테네에 패했는지, 그 이유만을 설명할 뿐이다.

무대에는 전쟁에서 진 페르시아제국의 크세르크세스 왕과 그의 어머니 아토사 그리고 유령으로 등장하는 그의 아버지 다리우스뿐이다. 아토사는 크세르크세스에게 페르시아 멸망의 이유를 한마디로 "자만심"이라고 이야기한다. 자만심이란 깊이 자신을 돌아보지 않고 자신이 현재 누리는 혜택을 자신이 스스로 성취했다고 착각하는 마음의 상태다.

페르시아제국의 왕 크세르크세스는 자신을 깊이 돌아보는 관조적인 삶을 살지 못했다. 그는 인류 최초의 세계 제국 페르시아를 멸망의 길로 들어서게 하는 비극을 초래했다. 무대 위에서 그는 절망적으로 울부짖는다. 아테네인들에게 크세르크세스는 자신들의 일가친척을 죽인 적이다. 그런데 그 순간 아테네인들은 투구를 쓴 채 울부짖는 원수 크세르크세스와 함께 눈물을 흘린다. 과연 아테네인들은 자신들의 마음뿐만 아니라 원수의 마음까지 헤아리는 민족이었던 것일까.

페리클레스와 아이스킬로스는 위대한 국가의 비결을 분명히 알고 있었다. 그들은 믿었다. 아테네인들 모두가 페르시아제국을 이겼다는 자만심에 빠지기보다, 자신을 돌아보는 관조적인 삶을 살아야 한다는 것을. 심지어 적까지 포용할 수 있는 연민을 가슴깊이 지닌 민족이 되어야 한다는 것을. 앞쪽에서 조용히 연극을 관람하던 페리클레스는 스스로에게 이렇게 속삭였다. '이것이 그리스다.' 우리는 얼마나 스스로를 돌아보며 살고 있는가.

행복은 이미 만들어진 것이 아닙니다.

행복은 당신의 행동에서 나옵니다.

– 달라이 라마 14세

단 절

과거의 나를 과감히 버리는 용기

시간을 이기는 장사는 없다. 변하지 않을 것 같은 저 하늘의 별들도 수명이 다하면 빛의 꼬리를 물며 장렬히 사라질 것이다. 과학자들은 지구라는 별 또한 50억 년 후엔 멈추거나 파괴될 것이라고 예측한다.

이 우주에서 시간이라는 괴물을 이길 수 있는 것은 아무것도 없다. 시간은 활시위를 떠난 화살처럼 돌이킬 수 없다. 오직 미래라 일컬어지는 미지의 경계로 만물을 강제 진입시킨다. 인간에게 남겨지는 것은 과거라는 기억뿐이다.

순간은 곧 찰나(刹那)다. 찰나는 75분의 1초(약 0.013초)에 해당하며, 불교에서는 모든 것이 찰나마다 생겼다가 사라진다고 가르친다. 우주는 137억 년 전, 인간이 도저히 상상할 수 없는 빅뱅이라는 사건으로 시작됐다. 10만 분의 1초의 찰나에 더 이상 쪼개질 수 없는 원자로부터 터져나와 해일처럼 사방에 퍼지더니 물질, 에너지, 공간과 시간으로 구성된 우주가 생성됐다. 빅뱅은 137억 년 동안 우주에 수천억 개 이상의 은하수를 수놓으며 계속해서 팽창하고 있다.

빅뱅은 왜 일어났을까? 인간은 저마다 우주가 생성된 맨 처음을 상상해왔다. 기원전 6세기, 예루살렘에서 바빌론으로 끌려온 한 전쟁 피난민이 있었다. 그는 예루살렘에 살던 유대인 지식인이자 사제였다. 그에게 기원전 10세기 솔로몬 왕이 건축했다는 예루살렘은 결코 파괴될 수 없는 영원불멸의 신전이었다. 유대인들은 예루살렘을 천상의 장소라는 의미로 '시온'이라고 불렀다. 그들은 자신들의 생존을 책임지는 농업의 순환에 맞춰 절기를 만들어 지켰다. 신은 1년 단위로 삼라만상을 치리한다고 기대했기 때문이다. 그러나 그런 믿음은 순식간에 무너지고 말았다.

기원전 6세기 어느 날, 바빌로니아 군인들이 예루살렘을 침공해 잿더미로 만들었다. 그때 유대 지식인은 깨달았다. 신은 장소에 거주하지 않는다는 것을. 그는 바빌론이라는 낯선 땅으로 잡혀와 흘러가는 유프라테스 강물을 하염없이 바라보았다. 매일 밤 어김없이 떠올라 검푸른 밤하늘을 수놓는 압도적이고도 신비한 별들과 달에 넋을 잃었다.

천체는 계절에 따라 가장 적절한 시간에 어김없이 자신의 모습을 드러냈다. 그는 우주의 처음을 상상했다. 그의 이야기는 성서의 첫 번째 책 『창세기』 1장에 등장한다. 흔히 "태초에 신이 우주를 창조했다"라고 번역되어 있다. 그러나 이 첫 구절은 다르게 해석될 수 있다. "처음이라는 순간을 통해 신이 혼돈 상태의 우주에서 쓸데없는 것들을 쳐내기 시작했다"라고.

혼돈에서 질서로, 없음에서 있음으로의 질적인 변화는 '처음'이라는 특별한 순간을 통해 가능하다. 처음이란 이전과는 질적으로 전혀 다른 상태로 진입하기 위한 경계의 찰나다. 습관처럼 흘러가던 이전의 양적인 시간과 달리 충격적이고도 압도적이어서 전율하게 하는 문지방이다.

처음은 삼라만상을 존재하게 하는 137억 년 전의 빅뱅과 같은 순간이다. 이 처음을 통해 시간과 공간이 등장한다. 새로운 경험은 한순간으로 그치는 게 아니라 137억 년 전의 빅뱅으로 우주가 아직도 팽창하듯이 매순간 그 처음을 유지해야 한다.

『창세기』 1장을 저술한 유대 지식인은 '바라(bara)'라는 히브리 단어로 '창조하다'를 표현했다. '바라'라는 동사의 피상적이며 거친 의미는 '(빵이나 고기의 쓸데없는 부위를) 칼로 잘라내다'이다. '창조하다'라는 의미는 '무에서 유를 만드는 것'이 아니다. 요리사나 사제가 신에게 제사를 드리기 위해 제물의 쓸데없는 것을 과감히 제거해 신이 원하는 제물을 만드는 것처럼, 창조란 자신의 삶에 있어서 핵심을 찾아가는 과정이다. 이 과정은 자신의 삶의 깊은 관조를 통해 부수적인 것, 쓸데없는 것, 남의 눈치, 체면을 제거하는 거룩한 행위다.

유대 지식인은 양적인 시간이 아닌 특별한 시간을 경험하기 위해 일상에서 벗어나 그 일상을 새롭게 관조하는 습관을 만들었다. 그것은 바로 일주일에 한 번씩 일상에서 습관적으로 해오던 일을 멈추고 자신을 '처음'의 순간으로 진입시키는 것이다. 이 행위를 하는 날을 '안식일'이라고 한다. 영어로 안식일을 뜻하는 '사바스(sabbath)'는 원래 히브리어에서 유래했는데, 그 본래 의미는 '습관적으로 하던 일을 멈추다'이다.

잠시, 하던 일을 멈추고 어제의 나를 돌아보는 시간을 가져보라. 내가 지금 하고 있는 일이 얼마나 창조적인지, 목숨을 걸 만한지 돌이켜보라. 그저 습관적으로 해오던 일이라면 과감히 잘라내자. 그것만이 우리를 다시 '처음'의 순간으로 진입하게 해줄 것이다.

창조는 ———

무에서 유를 만드는 것이 아니다.

창조란 자신의 삶에 있어서

핵심을 찾아가는 과정이다.

이 과정은 자신의 삶의 깊은 관조를 통해

부수적인 것, 쓸데없는 것, 남의 눈치,

체면을 제거하는 거룩한 행위다.

모든 인간은 실수를 합니다.

유일한 범죄는

자신의 잘못을 인정하지 못하는 자만심입니다.

– 소포클레스

숭고

불완전한 나를 끌어안는 삶의 태도

시골에 살면서 누리는 혜택 가운데 하나는 밤하늘의 빛나는 별을 바라보는 즐거움이다. 거기에는 인간이 만들어낸 창작물에서 느껴지는 아름다움과는 '또 다른 아름다움'이 있다. 이 아름다움을 '숭고'라고 한다. 그렇다면 아름다움과 숭고함은 다른 개념일까.

숭고함에 대해 처음으로 언급한 철학자는 롱기누스(Cassius Longinos)다. 1세기 수사학자인 그는 『숭고함에 대하여』라는 책에서 숭고함은 연설가나 작가의 천재성이라고 말한다. 숭고함은 독자들을 이성의 경계를 넘어선 말로 형용할 수 없는 신비한 곳으로 인도하는 수사학적인 힘이다.

롱기누스는 숭고함을 자유자재로 사용하기 위해 부단한 기술, 훈련 그리고 절제를 수련해야 한다고 말한다. 숭고함은 "언어를 표현함에 있어서 고상함과 탁월함"으로 독자나 청자를 자신이 원하는 대로 감동시킬 수 있는 능력이다.

숭고함은 계몽주의 시대에 들어서면서 인간의 감성과 연결된 반응으로 변화한다. 18세기 영국의 철학자 에드먼드 버크(Edmund Burke)는 『숭고함과 아름다움이라는 개념에 대한 기원을 탐구하는 철학적인 물음(*A Philosophical Enquiry Into the Origin of Our Ideas of the Sublime and Beautiful*)』이라는 책을 썼다. 아름다움은 정원의 꽃이나 어린아이의 사랑스러운 얼굴을 보았을 때 우리가 경험하는 것이다. 그러나 숭고함은 자연, 특히 통제할 수 없는 힘에 대한 경험에서 발견됐다. 만일 당신이 통제할 수 없는 산만한 파도, 눈 덮인 에베레스트 산, 용암을 내뿜는 성난 화산, 끝없이 펼쳐진 사막을 경험했다면 당신은 어떤 반응을 보일까.

숭고함은 그것을 관찰하는 사람의 상상력을 자극하고 완성한다. 그런 의미에서 숭고함은 자연 그 자체에 있는 게 아니라 그것을 보고 반응하는 인간의 마음에 존재한다.

아름다움은 쾌락, 보상, 만족의 감정과 연관되어 있지만 숭고함은 경외, 두려움, 공포에 대한 반응이다. 버크는 "보기에 공포스러운 것은 숭고하다"라고 말한다. 숭고함은 나를 넘어선 어떤 것으로 이성의 판단을 초월해 모호하고 불확실하며 무한을 지향한다. 최근 뇌신경과학자들은 아름다움과 숭고함의 경험은 각기 뇌의 다른 부분에서 반응한다는 점을 밝혔다.

아름다움은 무언가를 관찰의 대상으로 여기고 그것을 판단하는 심미적 반응이다. 대상을 판단하는 기준이 나에게 있으므로 개인적이며 주관적이다. 그러나 숭고함은 다르다. 관찰자가 대상을 응시하다 보면 이상한 현상이 벌어진다. 시간이 지나면서 관찰자인 주체가 점점 사라지고 대상이 주체를 압도한다. 그래서 심지어는 눈을 멀게 해 더 이상 볼 수 없게 하거나 혹은 그 대상이 오히려 주체가 되어 관찰자를 대상으로 만들어버린다.

이런 경우 관찰자의 반응은 세상의 아름다움과 추함, 착함과 악함, 향기로움과 악취 등의 이분법적인 도식을 넘어선다. 이런 심미적인 반응을 '숭고하다'라고 말한다. 내가 그 대상을 바라보지만 어느 순간에 나는 없어져 무아 상태로 진입하고 오히려 그 대상이 나를 관찰한다. 나는 이 숭고함을 경험하며 환희에 찬 눈물을 흘린다.

'서브라임'은 원래 '서브리미스(sublimis)'라는 라틴어에서 유래했다. '서브리미스'는 '~를 향해'라는 의미를 지닌 '서브(sub)'와 '경계/문지방'을 의미하는 '리미스(limis)'가 합쳐진 단어로 '경계나 문지방을 넘어서려는 상태'를 뜻한다.

서브라임은 위험하고 어둡고 절망적인 공간인 동시에 가장 안전하고 광명하며 희망적인 공간이다. 모세가 40년간 사막에 거주하면서 신과 만난 '가시덤불'이며, 세상 밖으로 나오려는 아이가 반드시 거쳐야 하는 어머니의 자궁이다. 플라톤은 이곳을 그리스어로 '코라(chora)'라고 불렀다. 코라는 항상 무섭고, 외롭고, 바닥이 없는 심연으로 한없이 떨어지는 무시무시한 공간이다.

역설적이게도 모세의 가시덤불이나 플라톤의 코라는 난 보기에는 그 존재를 부정하고 싶고 숨기고 싶은 불행한 공간이다. 이것도 저것도 아닌 불안하고 위험한 공간인 서브라임이다.

모세와 플라톤은 이 모호한 상태를 인내하면서 자신이 처한 상황을 외면하지 않고 있는 그대로 수용했다. 그들은 이 같은 능력을 '부정적 수용 능력'이라고 했다. 부정적 수용 능력은 모순의 상태를 있는 그대로 자기 삶의 일부로 껴안으려는 삶의 태도다.

이것은 보잘것없는 환경에서 출발한 부정적 감정들을 자신을 위한 가장 튼튼한 기반으로 만드는 역설적인 능력이자, 매순간 엄습하는 불안과 초조, 외로움과 우울함, 애매모호함을 자신이 상상한 찬란한 미래를 위한 굳건한 발판으로 만드는 능력이다. 자신이 처한 낯설고 힘든 경계가 사실은 자신만의 개성을 발견하고 드러낼 수 있는 심오한 장소가 되는 것이다.

산다는 것은 자신 앞에 놓인 불완전한 삶을 한결같은 인내로 거침없이 걸어가는 일이다. 마음속 '꺼지지 않는 가시덤불'은 지금 이 순간에도 우리를 애타게 부르고 있다. 절망의 경계를 넘어서려는 노력, 그 숭고함을 위해.

산다는 것은
자신 앞에 놓인 불완전한 삶을
한결같은 인내로
거침없이 걸어가는 일이다.

마음속 '꺼지지 않는 가시덤불'은
지금 이 순간에도
우리를 애타게 부르고 있다.

감히 당신 자신을 위해

생각하는 시간을 가지십시오.

– 볼테르

사유

내가 나에게 줄 수 있는 거룩한 선물

나는 누구인가. 나는 무엇으로 구성되어 있는가. 나는 내 생각의 가감 없는 표현이다. 나의 얼굴, 몸가짐, 내가 처한 환경은 내 생각을 그대로 반영한다. 앞으로 다가올 미래도, 내 생각에 의해 결정될 것이다. 그 미래는 조각가 앞에 놓여 있는 다듬어지지 않은 커다란 돌덩이다. 머릿속에 그려놓은 생각들을 어떻게 쪼아내고 갈고 다듬느냐에 따라 각기 다른 형태의 조각품이 탄생할 것이다.

사유란 내 손에 쥐어져 있는 정과 망치를 통해 어제까지 내가 알게 모르게 습득한 구태의연함을 쪼아버리는 작업이다. 지금 이 순간에 몰입해 나의 생각을 만질 수 있고 볼 수 있도록 만들어내는 마술이다. 그러면 내가 만들어낼 조각품의 청사진은 무엇인가. 내 손에 들려 있는 정을 부단히 움직이게 하는 그 원동력은 무엇인가.

며칠 전 용산에 있는 국립중앙박물관에 들러 한국 조각의 걸작으로 불리는 〈반가사유상〉과 마주했다. '반가사유'라는 표현은 익숙하나 그 의미는 여전히 아련해서 꼭 내 두 눈으로 확인하고 싶었다.

구석기시대의 동굴처럼 어두컴컴한 전시실 안으로 들어서자, 한국의 국보 78호 〈금동반가사유상〉과 일본의 국보 주구사 소장의 〈목조반가사유상〉이 10미터 정도의 거리를 두고 전시되어 있었다.

불상을 바라보면서 6세기 삼국시대 부명의 조각가는 무슨 뜻을 가지고 이토록 묘한 조각 작품을 만들었을까 하는 생각이 들었다.

1500여 년이 지난 오늘, 우리는 이 불상 앞에서 왜 숙연해지는 것일까. 나는 마치 어린아이처럼 불상 가까이 다가가 넋을 놓고 관찰했다. 추호의 흔들림도 없는 불상은 신기하게도 오히려 나의 부산함을 관찰하는 듯했다.

둥근 의자 위에 놓인 불상은 오른쪽 다리를 왼쪽 다리 위에 올린 반가(半跏) 자세를 하고 있다. 내 눈에 들어온 것은 오른쪽 다리의 발바닥, 특히 엄지발가락 밑에 불룩하게 부풀어 오른 부분이다. 참선을 통한 해탈이 아니라 인간 군상들과 함께 고통이 가득한 세계를 발이 붓도록 돌아다닌 붓다의 행적이 고스란히 담겨 있는 듯했다.

불상의 왼손은 그런 발을 어루만지기라도 하듯 오른발의 복숭아뼈를 살포시 감싸며 놓여 있다. 오른쪽 팔꿈치는 무릎 위에 놓여 있고, 오른손의 검지와 중지를 뺨에 살짝 댄 채 심오한 생각에 잠겨 있는 모습이다. 그래서 '사유'라는 제목이 붙여진 모양이다.

한자 '사유(思惟)'를 가만히 들여다보면 그 심오한 의미를 짐작할 수 있다. 생각 '사(思)'를 해석하는 사람들은, 마음 '심(心)'자 위에 놓인 글자가 밭 '전(田)'자가 아니라 한자 '뇌(腦)'의 오른쪽 아래 있는 모양을 형상화한 것이라고 말하기도 한다. 그런데 밭 '전(田)'자가 맞는 것 같다.

나를 더 나은 나로 변화시키는 현장은 내가 대부분의 시간을 보내는 직장이며 집이고, 내가 만나는 사람이며 책이다. 그 일상은 때로는 지겹고 귀찮고 피하고 싶기도 하지만 퉁퉁 부은 발을 어루만지는 붓다의 왼손 같은 것이다.

사유란

내 손에 쥐어져 있는

정과 망치를 통해

어제까지

내가 알게 모르게 습득한
구태의연함을
쪼아버리는 작업이다.

예수는 "천국은 밭에 감추인 보화다"라고 단언한다. 천국은 죽은 다음에 가는 장소가 아니라 바로 여기, 농부가 매일매일 일구는 밭, 흙먼지를 뒤집어쓰며 잡초를 뽑고 벌레를 잡고 씨를 뿌리고 거두는 그 삶의 터전이다. 다만 감추어져 있어서 그 안에 든 보화를 우리가 모를 뿐이다. 그 보화를 발견하는 훈련이 바로 '생각'이다.

'사유'의 '유'자도 자세히 들여다보면 역시 신비하다. '유(惟)'의 오른쪽에 놓인 한자는 '송골매'나 '최고'를 뜻하는 '추(隹)'자다. 그러니 생각을 한다는 것은 송골매의 눈으로 나를 보는 연습, 최고의 경지에서 있는 그대로의 나의 모습을 관조하는 것이다. 서양 전통에서도 '묵상'은 '컨템플레이션(contemplation)', 즉 '자신의 모습을 독수리의 눈으로 찍어본다'는 의미를 가지고 있다.

결국 '사유'란 지금 내가 처해 있는 삶의 터전을 극락이라 여기며 매의 눈으로 있는 그대로의 나를 응시하는 것이다.

지금 내가 서 있는 이 장소와 이 시간이 나의 사유의 대상이며, 그것을 나를 위한 천국으로 만들고자 결심할 때 신은 우리에게 미소를 선물한다.

당신의 눈이 당신에게 말하는 것들을 믿지 마십시오.

그것들은 한계를 보여줄 뿐입니다.

당신의 이해를 통해 세상을 보십시오.

– 리처드 바크

관찰

보이지 않는 것을 보는 연습

일상의 진부함을 뛰어넘는 참신한 세계, 그 세계를 경험하기 위해 우리는 산과 강을 찾아다닌다. 돈과 시간을 투자해 해외로 여행을 떠나기도 한다. 하지만 백두산 천지, 사하라 사막, 북극의 오로라, 남극의 빙하… 이런 장엄하고 압도적인 자연 앞에서 우리는 그저 겸허해질 뿐이다.

자연은 그것을 응시하는 우리의 눈과 몸으로 스며들어와 우리의 정신을 혼미하게 한다. 이런 숭고한 경험은 우리의 일상과 얼마나 멀리 떨어져 있는가.

'본다'는 행위에는 세 가지 의미가 있다. 첫 번째 의미는 '그저 보는 것'이다. '그저 보는 것'은 자신의 과거 습관과 편견대로, 또는 자신의 기준으로 상대를 보는 행위다. 내 눈앞에 나타나는 것에 대한 즉각적이고 수동적인 시각적 반응으로 누구도 피할 수 없는 것이다.

이 보는 행위에는 대상이 없다. 그 대상이 내 시야에 들어올 뿐이다. 아침에 일어나 커튼을 젖히면 날아다니는 새와 푸른 소나무가 눈에 들어온다. 보려 애쓰지 않아도 절로 눈에 들어온다. 의지가 개입되지 않은 그냥 일어나는 사건이다. 이 순간 그 대상을 판단하는 기준은 오로지 내 안목에서 비롯한다. 결국 '그저 보는 것'은 그냥 눈에 보이는 것을 보는 행위에 불과하다.

보이는 것만 보는 이런 시선이 고착화되는 것을 '무식(無識)'이라고 한다. '무식'에 해당하는 고전 아랍어는 '자힐리야(jahiliyyah)'다. '자힐리야'는 7세기 이슬람이 등장하기 전 아랍 사회를 지칭하는 용어이기도 하다.

여기에는 두 가지 특징이 담겨 있다. 하나는 쉽게 화를 낸다는 것이다. 화를 내는 것은 자신이 멋대로 만들어놓은 허상 속에 대상이 들어오지 않기 때문이다. 허상과 실제 대상이 불일치할 때 느끼는 감정이다.

또 다른 하나는 자신의 우월적 지위를 이용해 해를 끼친다는 것이다. 남들이 자신의 이데올로기에 맞춰 행동하지 않는다는 이유로 쉽사리 폭력을 행사한다. 일상에서 자주 화를 내고 폭력적인 사람은 '무식'한 사람일 가능성이 크다.

관찰이란

가시적으로 보는 것을 넘어

'안 보이는 것을 보는' 행위다.

우리는 자신이 보고 싶은 것만 보도록

뇌와 눈을 훈련해왔다.

하지만 그 대상의 배후에 있는
어떤 것을 인식하기 위해서는
내가 지닌
관습과 편견의 시선을
제거해야 한다.

'본다'는 행위의 두 번째 의미는 '살펴보는 것'이다. 살펴보는 행위에는 보고자 하는 의도가 담겨 있다. 이 행위에는 주체도 있고 객체도 있다. 나의 보려는 행위가 의도적이며 그 대상이 확실할 때 우리는 '살펴보다'라고 말한다.

나는 아침마다 조간신문을 보는 습관이 있다. 일어나자마자 신문을 집어 들고 머리기사를 훑어보는데, 이 살펴보는 행위는 그저 보는 것과 달리 의도적이고 의식적인 노력이 필요하다.

'살펴보는' 행위의 주체로서 우리는 보고 싶은 대상을 취사 선택하는 경향이 있다. 어떤 것을 공부한다고 할 때는 대개 '본다'는 것의 이 두 번째 의미를 가리킨다. 하지만 이 살펴보는 행위는 자신의 삶을 변화시키는 힘이 부족하다는 면에서 그저 보는 행위와 크게 다르지 않다. '살펴보는 것'은 약간의 주의와 노력만 기울이면 어렵지 않게 할 수 있는 행위이므로 여기에는 변화와 혁신에 필요한 에너지가 개입되거나 발휘될 여지가 없다.

'본다'는 행위의 세 번째 의미는 앞서 두 개의 의미와는 질적으로 다르다. 세 번째 의미는 '관찰(觀察)'이다. 관찰은 깊이 보는 행위이며, 이것의 특징은 무아성(無我性)이다. 특히 살아 움직이는 어떤 것을 응시할 때 의도를 갖고 볼 뿐만 아니라 그 움직이는 모습을 온전히 따라가기 위해 집중하고 몰입한다.

몰입을 통해 관찰할 때 눈앞의 공간은 공연장이나 영화관과 같은 장소로 바뀐다. 이곳에는 무대가 있고 또 무대 위에는 대상이 있다. 관찰을 시작하는 순간 대상은 보이지 않는 무형의 무대 위에서 내 시선을 사로잡는다. 단호하고도 압도적인 힘으로 나를 사로잡아 숨을 멈추게 한다. 이 순간 나라는 자아가 소멸하면서 대상의 표정과 움직임 하나하나에 몰입하기 시작한다.

관찰이란 가시적으로 보는 것을 넘어 '안 보이는 것을 보는' 행위다. 우리는 자신이 보고 싶은 것만 보도록 뇌와 눈을 훈련해왔다. 하지만 그 대상의 배후에 있는 어떤 것을 인식하기 위해서는 내가 지닌 관습과 편견의 시선을 제거해야 한다. 그렇지 않으면 '그저 보기' 때문이다.

1973년 노벨의학상을 수상한 카를 폰 프리슈(Karl von Frisch)는 관찰의 대가였다. 그는 정원에서 흔히 보는 벌을 통해 새로운 무언가를 감지했다. 보통사람들은 벌들이 날아가는 모습을 그저 흘려본다. 그 벌이 왜 날아왔는지, 그 벌이 무슨 일을 하는지에 이렇다 할 관심을 두지 않는다. 그러나 프리슈는 꿀벌이 춤을 추는 모습을 보고 특이한 점을 발견했다. 그는 꿀벌의 언어와 문법을 판독해냄으로써 만물의 영장인 인간만이 언어를 가지고 있다는 상식을 보기 좋게 깨뜨렸다.

그는 꿀을 발견한 벌이 벌집으로 돌아와 다른 벌들에게 꽃의 위치와 방향, 심지어 꿀의 질과 양까지 전달한다는 사실을 밝혀냈다. 벌통으로 돌아온 꿀벌은 꽃이 100미터 이내에 있으면 그 꽃이 있는 지점을 향해 원형의 춤을 추고, 만일

100미터 밖에 있다면 8자형의 꼬리춤을 춘다는 사실을 알아냈다.

그가 이 같은 위대한 발견을 할 수 있었던 것은 기존의 상식이나 다른 과학자들의 견해에 의존하지 않고 자신의 눈으로 꿀벌을 관찰했기 때문이다. 이런 관찰이야말로 '본다'는 행위의 가장 깊은 의미일 것이다.

누군가 그에게 이 위대한 발견의 비결을 묻자 그는 이렇게 대답했다. "바위틈에서 몇 시간을 꼼짝 않은 채 윙윙거리며 끊임없이 돌아다니는 꿀벌들을 관찰했습니다. 참을성 있는 관찰 덕분에 그저 보기만 하는 과학자들이 보지 못한 것을 발견할 수 있었습니다."

프리슈의 혁신적인 발견의 비결은 비로 오래 관찰하기다. 당신은 그저 눈에 들어오는 대로 보는 편인가, 아니면 오래 관찰하며 사물의 본질을 직시하는 편인가.

바보는 자신이 지혜롭다고 생각하고,

지혜로운 자는 자신이 바보라는 사실을

알고 있습니다.

— 윌리엄 셰익스피어

오
만

———

자신에게 닥쳐오는 위험을 감지하지 못하는 상태

이스라엘이 자랑하는 위대한 통치자 다윗. 다윗은 원래 이스라엘의 초대 왕 사울의 우울증을 달래주기 위해 악기를 연주하던 악사였으며, 동시에 용감한 용병이었다.

당시 블레셋에는 골리앗이라는 무시무시한 거인 장군이 살고 있었다. 다윗과 골리앗 이야기는 당시 이집트, 힛타이트, 앗시리아 그리고 바빌론제국의 중간에 끼여 누구의 땅도 아닌 팔레스타인 지역에 정착하려는 블레셋과 고대 이스라엘의 분쟁을 상징한다.

다윗은 골리앗과의 일대일 대결에서 승리해 일약 스타가 되고, 급기야 왕위에 오른다. 왕이 된 다윗은 블레셋의 위협을 효과적으로 방어하면서 12지파로 분리되어 있던 이스라엘인들을 하나로 통합했다. 그는 12지파 모두가 공감할 수 있도록 미지의 땅 예루살렘을 수도로 정해 국가의 기틀을 다졌다.

이런 노력 덕에 이스라엘은 태평성대를 구가했다. 일개 용병으로 시작해 이스라엘의 왕의 자리에까지 오른 다윗이 이

룬 성과였다. 그런데 이런 다윗에게도 어김없이 괴물이 찾아왔다. 바로 오만(傲慢)이라는 이름의 괴물이다.

오만은 현재 자신이 누리고 있는 혜택이나 특권을 스스로 성취했다고 착각하는 마음이며, 인간에게 비극을 가져다주는 첫 번째 단추다. 그리스어로는 '휴브리스(hubris)'라고 한다.

휴브리스는 초심을 잃었을 때 반드시 따라오는 극도의 자만심이자 과도한 자기확신의 마음 상태다. 휴브리스라는 병에 걸리면 그 사람은 곧바로 눈 뜬 장님이 된다. 두 눈을 부릅뜨고 직시해야 할 현실 감각을 상실하고 자신의 능력을 과신하기 시작한다. 이를 그리스어로 '아테(ate)'라고 하는데, 아테는 '장님성'을 의미한다. 눈앞의 현실을 바로 보지 못해서 자신에게 닥쳐오는 위험을 감지하지 못하는 상태다.

오만은 다윗을 게으르고 나태하며 어리석게 만들었다. 그는 더 이상 전쟁에 참전하지 않았다. 야전 사령관으로 잔뼈가

오만은

현재 자신이 누리고 있는

혜택이나 특권을

스스로 성취했다고

착각하는 마음이며,

초심을 잃었을 때

반드시 따라오는

극도의 자만심이자

과도한 자기확신의

마음 상태다.

굵은 다윗이었건만 그는 부하 요압에게 전권을 맡긴 채 더이상 전쟁에 참전하지 않았다. 자신의 할 일을 알아보지 못하는 장님이 되어버린 것이다.

요압은 다윗을 대신해 이스라엘을 위협하는 암몬 및 모압과 전쟁을 치렀다. 이 모든 일이 얼마나 위험한지 다윗은 미처 깨닫지 못했다. 그저 예루살렘 궁전에서 빈둥거리며 지중해의 따뜻하고 쾌적한 날씨를 즐길 뿐이었다.

혁신가는 자신이 있어야 할 시간과 장소를 헤아리는 사람이다. 다윗은 본래 혁신가였다. 거인 골리앗과 대결한 것도, 이스라엘을 통합한 것도 그가 혁신가였기에 가능한 일이었다. 자신이 해야 할 일이 무엇인지 정확히 알고 있었기에 가능한 일이었다.

하지만 이제 다윗은 자신이 해야 할 일을 알아보지 못했다. 주위 상황에 대한 정확한 판단을 내리지도 못했다. 심지어 그는 자신의 부하들이 모압의 수도 랍바를 포위하는 위험한 상황에 처하게 되었다는 사실조차 알아차리지 못했다. 그저 예루살렘 궁전 위에서 목욕을 하고 있는 한 아름다운 여인을 숨어서 훔쳐볼 뿐이었다. 아름다운 여인은 다윗을 섬기는 부하 우리야의 아내 밧세바였다. 부하가 나라를 위해 전선에서 목숨을 걸고 싸우고 있는 사이, 다윗은 자신의 이름에 걸맞지 않게 충신의 아내를 탐했다.

그는 밧세바를 궁으로 데려와 향락의 시간을 보낸 뒤 부하 우리야를 최전선에 배치해 죽도록 내버려둔다. 그때까지도 다윗은 자신이 스스로를 비극으로 내몰고 있다는 사실을 깨닫지 못했다.

이후 오만에 빠진 다윗에게 선지자 나단이 찾아와 다윗의 잘못을 지적한다. 그러자 자신의 잘못을 깨달은 다윗은 바로 그 순간에 자신이 죄를 지었다고 시인한다.

오만에 빠져 눈 뜬 장님이 되었을 때 찾아오는 불행이 있다. 이 불행을 그리스인들은 '네메시스(nemesis)'라고 한다. '네메시스'란 흔히 복수로 번역되는데, 원래 의미는 '내가 당연히 감수해야 할 그 어떤 것을 받는 것'이다. '네메시스'는 우리가 흔히 생각하는 앙갚음, 보복 등의 의미가 아니다. 내게 주어진 일을 하지 않을 때 감수해야 하는 어떤 것을 의미한다.

다윗은 위대한 리더의 가장 중요한 덕목을 보여주었다. 자신의 실수를 인정하고 그동안의 삶의 모습을 반성하고 회개한 것이다.

지금 당신은 당신이 누리고 있는 혜택을 당연한 것으로 여기지는 않는가. 자신을 혜택 받을 권리가 있는 사람으로 생각하고 있지는 않은가. 그렇다면 당신은 오만-장님성-불행이라는 미로에 걸려든 것이다. 이 미로에 걸려들지 않으려면 어떻게 해야 할까.

인류의 모든 문제는

홀로 방에 조용히 앉아 있을 수 있는 능력이

없기 때문에 일어난다.

– 파스칼

심연

이제껏 발을 들인 적 없는 미지의 땅

몰입이란 자신을 새로운 시점, 높은 경지로 들어올려 그곳에서 자신을 가만히 들여다보는 연습이다. 몰입은 또한 군더더기를 버리는 행위다. 알게 모르게 편견과 고집으로 굳어버린 자신을 응시하면서 그것을 과감히 유기하는 용기다. 완벽이란 더 이상 버릴 것이 없는 가장 단순한 상태이다. 이런 구태의연한 것들을 제거하지 않으면 나는 어제와 다르지 않은 오래된 나로 살아갈 것이다. 과거가 되어버린 나, 정체된 나, 죽은 나의 삶을 반복하게 된다.

심연(深淵)은 이제껏 발을 들여놓은 적 없는 미지의 땅이다. 누구도 가본 적이 없는 곳, 태초에 샘물이 용솟음쳐 광활한 바다를 만들었다는 세상의 배꼽이다. 이 심연의 존재를 알고 운명적인 여정을 시도하는 사람들을 우리는 '영웅'이라고 한다.

인류는 기원전 1만 년경 하늘의 별의 운행만큼이나 심오한 생명의 원리를 발견했다. 오늘날 중동으로 불리는 지역에서 이들은 인류 역사상 처음으로 보리와 밀이 곡식이 되고 몰입이란 ——

자신을 새로운 시점, 높은 경지로 들어올려

그곳에서 자신을 가만히 들여다보는 연습이며

군더더기를 버리는 행위다.

몰입이란

알게 모르게 편견과 고집으로 굳어버린

자신을 응시하면서

그것을 과감히 유기하는 용기다.

양식이 될 수 있음을 알아냈다. 정착 생활과 함께 장거리 무역을 시작하면서 인류는 밤이 되면 불을 피우고 모여 앉아 자연의 위대함과 삶의 의미에 대해 이야기했다. 인간만이 죽음을 인식하고 준비한다. 죽음은 인간의 삶을 가장 빛나게 해주는 신의 선물이다. 그들은 죽음을 극복한 한 영웅에 관한 이야기를 듣는다.

그 영웅의 이름은 바로 '길가메시'다. 그는 인류 최초의 도시인 우룩(오늘날 이락 남부 도시 와르카)을 건설한 왕이다. 길가메시(Gilgamesh)는 수메르어로 '노인이 청년이 되었다'라는 뜻이다. 길가메시는 실제로 기원전 27세기 수메르 고왕국 시대의 왕이었다.

『길가메시 서사시』는 인류 최초의 영웅 서사시다. 후에 등장하는 호메로스의 『일리아스』와 『오디세이아』와 같은 서양 서사시의 어머니다. 『길가메시 서사시』는 길가메시라는 영웅이 영생을 찾기 위해 바다 속 심연으로 내려가 불로초를 따오는 이야기다.

이 신화는 기원전 2300년부터 길가메시를 찬양하는 단편 시로 등장하다가 기원전 2100년경 우르 3왕조의 왕 슐기가 자신의 영적인 조상으로 우상화하면서 그를 찬양하는 제법 긴 시로 만들어졌다.

그러다 기원전 14세기경 한 사제이자 시인이 그 노래들을 약 3600행으로 된 토판 문서에 기록하게 된다. 이전까지 구전되거나 혹은 토판 문서에 쓰인 문서들을 모아 하나의 완벽한 서사시로 만든 이 시인의 이름은 '신-레케-우닌니'다.

『길가메시 서사시』는 인간의 궁극적인 가치가 무엇인가에 대해 묻는다. 우룩의 왕으로 절대 권력을 추구한 길가메시는 명성, 권력, 부가 자신에게 행복을 가져다주리라고 믿었다. 서사시의 전반부에서 길가메시는 심지어 신들에게 도전해 우주의 질서를 무너뜨린다.

신-레케-우닌니는 세속적인 명성을 쫓던 길가메시를 영생을 찾아 헤매는 영웅으로 묘사하기 위해 가상의 인물을 만든다. 바로 엔키두다.

엔키두는 이전의 길가메시 이야기에서는 그의 종으로 등장했다. 그러나 신-레케-우닌니는 그를 길가메시의 친구이자 '제2의 자아'로 재창작해 이야기를 전개한다.

길가메시가 반신반인(半神半人)적 존재라면 엔키두는 반인반수(半人半獸)적 존재다. 이들은 백향목을 지키는 괴물 후와와를 죽이는데, 백향목은 특별한 목재로서 메소포타미아 지구라트의 지성소와 이집트 파라오들이 사후에 부활하기 위한 의례용 범선을 제작할 때 사용하는 성물(聖物)이다. 길가메시와 엔키두는 후와와를 죽인 후 겁도 없이 전쟁의 여신 이쉬타르를 욕보이고는 그녀가 보낸 하늘의 황소 구갈란나도 죽인다.

이로써 길가메시는 신들이 가진 명성과 권력을 손에 쥐는 듯했다. 하지만 신들은 호락호락한 존재가 아니다. 신들은 엔키두를 병들어 죽게 한다. 제2의 자아인 엔키두가 죽자 길가메시는 자신이 신들처럼 영원히 사는 존재가 아니라 엔키두처럼 죽을 수 있는 존재라는 사실을 깨닫는다.

그는 이제 죽음의 노예가 됐다. 그는 인간으로 태어났지만 지하세계에서 영원히 살고 있다는 우트나피쉬팀에 대한 소문을 듣는다. 그는 우트나피쉬팀처럼 영생의 비밀을 알아내고 싶어 그를 찾아 나선다.

그런데 문제가 생긴다. 그를 만나려면 '돌아올 수 없는 바다'를 건너 지하세계로 내려가야 한다. 지하세계는 죽은 후에나 갈 수 있는 타부의 땅이다. 길가메시는 살아 있는 동안에, 삶과 죽음의 무시무시한 '경계'의 땅인 지하세계로 여행을 떠난다.

우여곡절 끝에 우트나피쉬팀을 만난 그는 깜짝 놀란다. 우트나피쉬팀이 자신과 똑같이 생겼기 때문이다. 사력을 다해 영생에 대해 알고자 여정을 떠나는 순간부터 그는 이미 영생을 살고 있는 우트나피쉬팀이 된 것이다. 길가메시는 영생을 찾아 목숨을 건 이 숭고한 여행에서 깨닫는다. 영생이란 '영원히 사는 것'이 아니라 '순간을 영원처럼 사는' 기술, 즉 영생을 추구하는 삶 자체라는 것을.

영생이란 ———————————————

——————'영원히 사는 것'이 아니라

'순간을 영원처럼 사는' 기술, ———

—— 즉 영생을 추구하는 삶 자체다.

신-레케-우닌니는 이 사실을 깨닫지 못한 독자들을 위해 일화 하나를 덧붙인다. 우트나피쉬팀은 길가메시에게 불로초가 있는 장소를 알려준다. 불로초는 페르시아 만의 가장 깊은 장소에서 자라는 바다 식물이다. 진주를 캐는 잠수부마냥 길가메시는 다리에 돌을 동여매고 누구도 여행한 적 없는 바다의 멧부리, 심연으로 헤엄쳐간다. 그리고 마침내 불로초를 손에 넣는다.

길가메시는 이 영생의 식물을 가지고 우룩으로 향한다. 더위에 지친 길가메시는 옷과 불로초를 놓아둔 채 연못으로 뛰어든다. 그런데 아뿔싸! 순식간에 뱀이 튀어나와 불로초를 삼켜버리고 만다. 뱀은 허물만 남긴 채 사라져버린다.

불멸을 찾아 나선 길가메시의 여정은 이렇게 허무하게 끝이 난다. 하지만 여정의 끝은 또 다른 시작, 즉 불멸의 시작이기도 하다. 길가메시는 자신만의 심연 여행을 통해 불멸의 비밀을 알아낸다. 그것은 불멸을 추구하고 심연의 여정을 떠나는 그 순간이 바로 영생이라는 깨달음이다.

또한 여정의 끝 장면이 토판 문서에 기록됨으로써 길가메시는 죽음에 대항한 영웅으로 길이 남았다. 3400년이 지난 지금도 우리는 『길가메시 서사시』를 읽으며 길가메시 여정의 의미에 대해 생각한다. 이것이 길가메시 여정의 끝이 불멸의 시작인 이유다.

신-레케-우닌니는 『길가메시 서사시』를 다음과 같이 시작한다. "샤 나그바 임무루, 이쉬디 마티(sha naqba imuru ishdi mati)."(제1토판 1행)

이 언어는 고대 바빌로니아어의 발음을 적은 것이다. 이 문장을 번역하면 "나라의 기초인 심연(나그바)을 본 자"다. 영웅이란 두려움 없이 여정을 시작하는 사람이다. 또한 신에게 도전하고 자신의 심연을 보는 사람이다.

신-레케-우닌니는 계속해서 노래한다. "루크탐 일라캄-마 아니흐 슈프슈쉬."(제1토판 9행)

번역하면 "그는 먼 길을 떠나 거의 죽을 뻔했지만, 오히려

새 힘을 얻었다"이다. 길가메시는 먼 길의 여정에서 그리고 죽음의 고통 속에서 오히려 새로운 생명의 힘을 얻었다. 죽음 속에서 삶을 발견했고, 고통 속에서 삶의 희열을 발굴했다. 그렇다면 내가 감행해야 하는 인생의 여정은 어디로 향해 있는가. 내가 추구해야 하는 나의 심연은 지금 어디에 있는가.

3부

자각,
비로소 찾아오는 깨달음의 순간

저는 신에게 올바른 질문들을 할 수 있도록

힘을 달라고 기도합니다.

– 엘리 위젤

괴물

나를 조정하는 내 안의 또 다른 나

매일 아침, 정신을 깨우기 위해 묵상을 하듯 몸을 깨우기 위해 달리기를 한다. 사실 묵상과 달리기는 별개가 아니다. 묵상이 달리기이고 달리기가 묵상이다. 새로운 하루를 신나게 살기 위한 통과의례다.

숨이 차오르고 심장이 터질 것 같은 상황에 이르면 잠시 속도를 늦추며 숨을 고른다. 그러고 나면 마음속 누군가가 내게 말을 걸어온다. "다시 달려!" 그 소리에 나는 다시 달리기 시작한다. 그러다가 또다시 한계에 이르면 멈춰서고 다시 달리고를 반복하는 것이 나의 조깅 의례다.

묵상을 할 때도 달리기를 할 때도 내가 가장 두려워하는 것은 순간순간 나를 주저앉히는 '괴물(怪物)'이다. 이 괴물은 내게 패배의 쓰라림을 안겨준다. 이 괴물은 바로 내 안에서 나를 조정하는 또 다른 '나'다.

괴물을 뜻하는 영어 '몬스터(monster)'는 괴물의 의미를 좀 더 명확하게 설명한다. 몬스터란 '(한쪽과 다른 한쪽을 구분하는 경계를 손가락으로) 가리키고 있는 존재'를 뜻한다. 마음속 몬스터는 익숙하고 게으른 과거로 돌아가라고 끊임없이 나를 유혹한다. 사람들은 이 경계에서 쉽게 포기를 선택한다.

철학자 아리스토텔레스는 소포클레스의 『오이디푸스 왕』을 가장 위대한 비극, 가장 위대한 문학작품으로 평가했다. 비극은 필연적으로 타락하는 주인공을 통해 우리 자신의 모습을 투영하도록 연습시킨다.

오이디푸스는 테베의 왕 라이오스와 왕비 요가스타의 아들로 태어났다. 라이오스 왕은 델피의 아폴로 신전에서 새로 태어난 아들의 운명에 관한 신탁을 문의한다. 신탁은 언젠가 아들이 아버지를 죽일 것이라는 끔찍한 내용이었다.

라이오스는 갓난아기의 뒤꿈치를 꽁꽁 묶어 기어다닐 수 없게 만든다. 그러나 그것으로도 성에 차지 않아 라이오스는 급기야 신하에게 아기를 산에 버려 죽게 하라고 명령한다. 그러나 이 불쌍한 아기를 그냥 죽게 내버려둘 수 없던 신하는 아기를 근처 도시 고린도에서 온 목동에게 맡긴다. 목동은 이 아기를 마침 자식이 없어 애타게 양자를 구하던 고린도

내가 가장 두려워하는 것은
순간순간 나를 주저앉히는
'괴물(怪物)'이다.
이 괴물은 내게
패배의 쓰라림을 안겨준다.

이 괴물은 바로
내 안에서 나를 조정하는
또 다른 '나'다.

왕 폴리보스와 왕비 메로페에게 바친다. 아기의 발꿈치가 부어 있는 것을 본 폴리보스는 아기에게 '발(푸스)이 부은(오이디) 아이', 즉 '오이디푸스'라는 이름을 지어준다.

'오이디푸스'라는 이름은 그 자체로 꽤나 의미심장하다. 오이디푸스가 스스로 자립하지 못하도록 방해하는 존재는 바로 부모다. 부모는 자식에게 의식주를 제공하는 울타리인 동시에 자식의 성장을 막는 울타리이기도 하다. 오이디푸스가 두 발로 걷지 못하게 발을 묶은 자는 바로 그의 아버지다.

인간을 제외한 다른 모든 동물은 태어나자마자 혹은 일정 기간이 지나면 홀로 선다. 자신의 운명을 스스로 개척하는 것이다. 인간만이 유일하게 예외다. 부모의 울타리에서 떠나지 못하고 영원한 '유아' 상태에 머무는 경우가 허다하다.

세월이 지나 오이디푸스는 자신이 사생아라는 사실을 알게 된다. 이 깨달음의 순간에 그는 홀로서기를 시작한다. 그는 자신이 누구인지 알아내기 위해 신탁을 받고자 델피로 향한다. 신탁의 결과는 해결책이나 쉬운 답이 아니라 오히려 딜레마를 선사한다. 주인공은 이 딜레마를 헤쳐 자립에 도달할 수 있기 때문이다.

신탁은 오이디푸스가 자신의 부모를 살해할 운명이라고 일러준다. 그는 자신의 끔찍한 운명을 피하고자 결단을 내린다. 즉 고린도로 돌아가지 않고 델피 근처에 있는 테베로 향한다. 그러나 그곳은 오이디푸스의 친부모가 있는 도시가 아니던가. 테베로 향하던 중 오이디푸스는 세 갈래 길이 교차하는 곳에 이른다.

'세 갈래 길'은, 플라톤의 표현을 빌리면 운명을 결정하는 중요한 일이 일어나는 무시무시하고 이해하기 힘든 '코라'다. 이 단어는 고대 그리스어로 '들판'이라는 의미인데, 혼돈에서 질서의 세계로 진입하기 위해 반드시 거쳐야 하는 통과의례의 장소다.

오이디푸스는 이 세 갈래 길에서 전차를 타고 가는 이와 마주친다. 바로 테베의 왕이자 자신의 친부인 라이오스다. 누가 먼저 길을 가느냐 하는 사소한 말다툼 끝에 오이디푸스는 아버지 라이오스를 살해한다. 이로써 살부의 운명이 실현되고 만다.

여기서 라이오스는 오이디푸스의 친부만으로 존재하지 않는다. 라이오스는 인간이 극복해야 할 관습과 관행, 습관과 편견 등을 상징한다. 신화에 등장하는 부모는 어린아이를 자립하지 못하게 만드는 훼방꾼이다. 스스로 온전해지기 위해 아버지로 상징되는 과거를 반드시 청산해야 한다.
여기서 과거란 자신이 자발적으로 선택한 게 아니다. 자신도 모르는 사이 자신에게 부여된 정신적·사회적·역사적 얼개다. 스스로의 힘으로 서기 위해서는 이 얼개들이 자신에게 무슨 의미가 있는지 점검하고 취사선택해야 한다.

오이디푸스는 자신도 인식하지 못한 채 아버지를 살해하고는 테베의 성문으로 향한다. 테베의 성문 입구에는 그 안으로 들어가려는 이들을 막는 괴물이 웅크리고 있다. 이 무시무시한 괴물의 이름은 '스핑크스'다.

스핑크스는 그리스어로 새로운 단계로 무모하게 진입하려는 사람들의 '목을 조르는 존재'라는 뜻이다. 스핑크스는 인간을 스스로 두 발로 서지 못하도록 숨을 끊는 무시무시한 존재다. 스핑크스는 머리는 인간, 등은 사자이면서 새의 날개를 가진, 즉 어느 한쪽에도 속하지 않은 하늘과 땅에 존재하는 동물들의 복합체다.

스핑크스는 테베로 들어가려는 모든 이들에게 수수께끼를 낸다. 문제를 풀면 성문을 통과해 테베로 들어갈 수 있고, 문제를 풀지 못하면 곧바로 목을 졸라 죽인 뒤 먹어치운다. 스핑크스가 오이디푸스에게 낸 수수께끼는 이것이다. "한 목소리를 가졌지만 아침엔 네 발로 걷고, 오후엔 두 발 그리고 밤엔 세 발로 걷는 것은 무엇이냐?" 오이디푸스는 "사람입니다. 어릴 때는 네 발로 기어 다니고, 어른이 되어서는 두발로 걷고, 늙은이가 되어서는 지팡이를 더해 세 발로 다닙니다"라고 대답한다.

오이디푸스의 답변에 스핑크스는 당황한다. 이전까지는 누구도 이 수수께끼를 풀지 못했기 때문이다. 스핑크스는 경계를 지키는 역할을 이행하지 못했다는 자책감에 시달린 나머지 절벽 위로 올라가 몸을 던진다.

한 단계에서 다른 단계로 넘어가는 길을 막고 있는 스핑크스는 다름 아닌 오이디푸스 자신이다. 스핑크스는 오이디푸스가 버려야 할 과거이자 바로 자기 안에 존재하는 또 다른 괴물이다. 다른 단계로 넘어가기 위해 오이디푸스는 스핑크스, 즉 자기 자신이라는 괴물을 죽여야만 했다.

우리에게도 새로운 여정을 위해 반드시 거쳐야 하는 통과의례가 있다. 바로 자기 자신이라는 괴물과 대면하고 그것을 죽이는 일이다. 이 괴물은 스스로 두 발을 땅에 딛고 저 높은 곳으로 시선을 향하는 모든 일상의 순간에 그 모습을 드러낸다. 세상에서 가장 무섭고 두려운 존재, 그러나 반드시 싸워 이겨야 하는 존재는 바로 '나 자신'이라는 괴물이다.

사람들은 행복과 불행에 대해
인간의 본성이나 운명 탓을 합니다.
하지만 그것은 자신의 실수와 약함의
메아리일 뿐입니다.

– 데모크리토스

임
시
치
아

___

현실에 안주하고 있는 나를 바꿀 유일한 무기

다른 모든 생명들이 그러하듯 알에서 갓 깨어난 새끼 거북이의 여정은 신비롭기만 하다. 수십 마리의 조그만 생명체들이 모래 속에서 꿈틀거리며 위대한 생명의 여행을 시작하기 때문이다.

마치 자신들이 가야 할 길을 알고 있는 것처럼 새끼 거북이들은 태어난 지 몇 분 되지도 않아 벌써 바다를 향해간다. 그들은 저 멀리 들려오는 파도 소리와 태양에 반사된 빛의 파장을 따라 단호하고 힘차게 나아간다. 새끼 거북이들은 본능적으로 자신이 가야 할 길을 알고 있는 것일까.

새끼 거북이들의 여정은 어미 거북이로부터 시작된다. 어미 거북이가 바다를 횡단해 자신들의 고향인 해안까지 헤엄쳐 오는 과정은 매순간이 죽음과의 사투다. 바닷속에서는 상어와 고래가 어미 거북이를 호시탐탐 노리고 있고, 인간이라는 동물 역시 막강한 무기로 그들을 포획하려 한다.

바다의 파도가 가장 높은 날, 그리고 여름 중 가장 뜨거운 날, 어미 거북이는 기나긴 여정을 시작한다. 거칠고 드높은 파도를 가르며 2300킬로미터를 헤엄쳐 자신이 태어난 해안으로 돌아온다. 5주에서 6주 전 몸속에 품기 시작한 알을 낳기 위해서다.

해안에 도착한 이 순간이야말로 거북이의 삶에서 가장 중요한 순간이다. 어미 거북이는 미세한 기척도 없는 한밤중에 도착해 해안으로부터 수십 미터 떨어진 후미진 모래사장에 둥지를 튼다. 이곳은 바닷물이 닿지 않아 알들을 위한 둥지로 안성맞춤이다.

어미 거북이는 자신의 몸이 충분히 들어갈 수 있도록 모래를 파내 30센티미터 정도 깊이의 구덩이를 만든다. 그런 뒤 구덩이 속으로 들어가 머리만 모래사장 위로 삐죽 내놓고는 사방을 둘러본다. 칠흑같이 어둡고 고요한 해변의 모래사장 밑은 어미 거북이들의 발길질로 분주하다. 뒷지느러미로 더 깊은 구덩이를 파는 것이다.

알이 안주할 만큼의 공간이 마련되면 어미 거북이는 50에서 200개의 알을 낳는다. 알을 낳은 뒤엔 곧바로 모래로 둥지를 덮어놓는다. 맹금류로부터 알을 보호하는 동시에 알의 점액이 마르지 않도록 적당한 온도를 유지해주기 위해서다. 세 시간여 동안 이 모든 과정을 마친 어미 거북이는 미련 없이 바다를 향해 떠나간다.

2개월쯤 지나면 모래 속에 있던 알들이 깨지기 시작한다. 알은 일정한 시간이 지나면 반드시 깨고 나와야 할 경계다. 신비롭게도 새끼 거북이는 알 속에서도 생존을 위한 무기를 스스로 만들어낸다. '카벙클(carbuncle)'이라고 불리는 임시 치아가 그것이다. 새끼는 무작정 알 안에 안주하고 있다가는 금방 썩어 죽게 된다는 사실을 본능적으로 알고 있다.

새끼 거북이들은 '카벙클'로 알의 내벽을 깨기 시작한다. 내가 안주하고 있는 환경이 나의 멋진 미래와 자유를 억제한다면, 자신만의 카벙클을 만들어 그 환경에서 벗어나야 한다. 알의 내벽을 깨지 못한다면 새끼 거북이는 자신을 억누르고 규정하며 정의하는 환경을 세상의 전부라 여긴 채 빛 한 번 보지 못하고 그 안에서 죽음을 맞이하게 된다.

자신에게 주어진 환경을
세상의 전부라 여긴 채
죽음을 맞이할 것인가.

우리에게 필요한 것은
편견과 상식, 전통과 관습,
흉내와 부러움이라는
알을 깨고
더 넓은 바다를 향해
나아가는 일이다.

그러나 알을 깨고 나왔다고 해서 모든 게 끝난 것은 아니다. 진정한 시작은 이제부터다. 단단한 알을 깨느라 카벙클이 온통 부서지고 피가 난 새끼 거북이를 맞이하는 것은 아빠 거북이도 엄마 거북이도 아니다. 바로 어미 거북이가 알을 낳고 덮어놓은 30센티미터 두께의 모래다.

이 모래 덮개는 얼마나 단단하게 다져져 있는지 웬만해서는 꿈쩍도 하지 않는다. 새끼 거북들이 이 견고한 모래성을 뚫고 나오는 데는 자그마치 3일에서 7일의 시간이 걸린다. 이때 새끼 거북이의 몸무게는 알을 깨고 나왔을 때에 비해 약 30퍼센트 정도 줄어 있다.

견고한 모래성을 뚫은 뒤에도 새끼 거북이들은 섣불리 모래 표면으로 올라오지 않는다. 모래 위에는 바다 갈매기와 독수리 같은 포식자들이 호시탐탐 그들을 노리고 있기 때문이다. 사람이라는 괴물들 역시 이들의 연약한 목숨을 한순간에 앗아간다.

새끼 거북이들은 숨을 죽인 채 때를 기다렸다가 한밤중이 되어서야 운명의 질주를 시작한다. 한순간에 쏟아져 나온 새끼들은 '자석 컴퍼스'라는 본능적인 감지 장치에 따라 자신들이 가야 할 길을 향해 일제히 몸을 움직인다. 어쩌면 바다에 미처 도착하기도 전에 목숨을 잃을지도 모른다. 그럼에도 새끼 거북이들은 조금의 주저함도 없이 질주를 감행한다. 바다라는 새로운 생명을 만나기 위해서다.

그 순간 갈매기와 독수리들이 쏜살같이 하강을 시작한다. 아직 촉촉한 새끼 거북이들은 이들의 간식으로 제격이다. 이 무시무시한 돌진을 감지한 새끼 거북이들은 순간적으로 자신들의 딱딱한 껍질 속으로 사지를 집어넣는다. 갈매기와 독수리가 백사장에서 발견한 것은 딱딱한 껍데기뿐이다. 생존을 위한 이 자발적이고 순간적인 행동이 없다면 새끼 거북이들은 이 거친 세상에서 살아남지 못할 것이다.

우여곡절 끝에 새끼 거북이들은 바다에 도착한다. 바다는 이들에게 천국인 동시에 지옥이다. 새끼 거북이들은 바다로 뛰어든 뒤 48시간 동안 미친 듯이 수영을 한다. 그들이 향해

가는 곳은 바다의 가장 밑바닥인 심연이다.

이곳은 그들이 가야 하는 본연의 장소다. 그곳에는 이들을 위협하는 큰 물고기들이 많지 않다. 뿐만 아니라 수압이 높아서 자신을 보호하고 있는 등딱지와 배딱지를 단단하게 만드는 수련의 장소이기도 하다. 이곳에서 새끼 거북이들은 자신들만의 인생 여정을 시작한다.

바다거북이의 생후 1년간의 바다 생활을 관찰한 이는 거의 없다. 그래서 이 기간은 '실종의 기간'으로 불린다. 이 1년을 홀로 그리고 스스로의 힘으로 살아남아야 비로소 '바다거북이'로서의 삶을 시작할 수 있다.

1년이 지나면 떠다니는 미역에 몸을 실어 영양을 보충한다. 그리고 20년이 지나면 짝짓기를 한다. 짝짓기에 성공한 암거북이는 자신이 태어난 곳으로 돌아가 알을 낳는다. 새끼 거북이가 어른 거북이가 되어 다시 고향으로 돌아오는 것이다. 하지만 이렇게 될 확률은 고작 0.1퍼센트에 불과하다. 1000마리 중 한 마리만 생존할 뿐, 대부분은 이 기나긴 여정 속에서 죽음을 맞이한다.

지금 경계에 서 있다면, 새끼 거북이처럼 자신을 둘러싸고 있는 경직된 세계관을 깨야 한다. 나를 보호하고 감싸주었던 알이 나를 감금한 채 죽게 하는 무덤이 될 수 있기 때문이다.

나를 둘러싸고 있는 세상을 알로 인식하는 순간, 입 안에서 카벙클이 돋아난다. 카벙클은 내가 갇혀 있는 이 세계가 세상의 전부가 아니라는 것을 깨닫게 하는 도구다. 이 카벙클로 우리는 편견과 상식, 전통과 관습, 흉내와 부러움이라는 알을 깨고 더 넓은 바다를 향해 나아가야 한다.

내가 안주하고 있는 환경이

나의 멋진 미래와 자유를 억제한다면,

자신만의 카벙클을 만들어

그 환경에서 벗어나야 한다.

나를 보호하고 감싸주었던 알이

나를 감금한 채 죽게 하는

무덤이 될 수 있기 때문이다.

카벙클은 내가 갇혀 있는 이 세계가

세상의 전부가 아니라는 것을

깨닫게 하는 도구다.

당신 자체이기 때문에 미움을 받는 것이,

당신이 아닌 것이 당신인 척하여

사랑받는 것보다 낫습니다.

– 앙드레 지드

가
면

Show yourself! 당신 자신을 내게 보여주십시오 우리가 진정으로 응시해야 하는 것은 외부 세계가 아니라 바로 나 자신이다. 응시의 목적은 '있는 그대로의 나'를 '담담한 시선으로 보는 것'이다. 구태의연하고 진부한 시선이 아닌 새롭고 객관적인 시선으로 바라보는 것이다.

이렇게 일상과 다른 나만의 시선으로 관찰하다 보면 좀 더 적나라한 자신과 마주하게 된다. 이런 행위를 회심(回心)이라고 한다.

우리의 눈은 보고 싶은 것만 보려 한다. 뇌에는 일정한 프레임이 있고, 그 프레임에 대상을 왜곡해 끼워 넣는다. 내 안에는 나의 시선을 조절하는 또 다른 나가 존재한다. '과거의 나'가 있고 그 과거의 나가 고착화된 '현재의 나'가 있다. 또 과거의 나로부터 탈출해 새로운 길을 탐색하는 '미래의 나'도 있다.

편의상 오래된 나, 원래의 나를 '첫 번째 나'라고 부르자. '첫 번째 나'는 흘러가버린 과거에 안주하는 나로서 지금 이 순간의 삶에까지 영향을 준다. 자기혁명은 이 '첫 번째 나'를 냉정하게 관찰하고 그것과 결별하려는 의지다.

우리는 대부분 이 오래된 자아를 벗어버리기보다 그것을 붙잡아 강화시키려 한다. 배움은 이 오래된 자아인 '첫 번째 나'로부터 탈출하는 과감하고 용기 있는 과정이어야 한다. 자아를 치장하고 강화하는 교육은 재미없는 세상을 만들어 낼 뿐이다.

그렇다면 어떻게 해야 이 '첫 번째 나'를 극복할 수 있을까? 이를 위해서는 또 다른 나인 두 번째 나가 필요하다. 이 '또 다른 나'를 라틴어로 '알터 에고(alter ego)'라 한다.

'알터 에고'는 기원전 1세기 로마에서 활동한 사상가 키케로가 맨 처음 사용한 용어다. 키케로는 로마가 공화정에서 제정으로 변화하는 중요한 시기에 등장한 정치철학자이자 문필가다. 그의 정치철학과 저서는 로마 문명과 유럽 문명에 큰 영향을 끼쳤다.

감성적인 성격의 키케로에게는 흉금을 터놓고 무엇이든 토로할 수 있는 친구 티투스 폼포니우스(그는 후에 앗티쿠스라는 필명으로 불렸다)가 있었다. 키케로는 그에게 쓴 편지에서 "너는 내게 형제와 같아. 내가 모든 것을 말할 수 있는 '알터 에고'지"라고 말했다. 키케로는 그를 알터 에고, 즉 또 다른 나라고 불렀다.

알터 에고는 외부 친구만이 아니라 내 안에 존재하는 나의 가장 절친한 친구인 '또 다른 나'를 의미하기도 한다. 이 용어는 문학작품과 심리학에서 차용되어 현재는 인간 심리를 묘사하는 개념이 됐다. 문학작품에서는 저자의 심리와 행동을 의도적으로 표현하는 주인공 이외의 다른 인물을 가리키며, 연극 무대에서는 그 심리와 몸짓을 연구해 완벽하게 구현해야 하는 대상을 말한다. 배우는 부단한 연습을 통해 '또 다른 나'가 되어야 한다.

로버트 루이스 스티븐슨의 소설 『지킬 박사와 하이드』에도 '또 다른 나'가 등장한다. 그런데 이 소설에서는 부정적인 존재로 표현된다. 지킬 박사가 다른 사람들이 평가하는 '첫 번째 나'라면 하이드는 그 안에 숨어 있는 암울하고 폭력적인 '또 다른 나'다. 이 소설은 영국 빅토리아 시대에 만연해 있던, 겉으로는 체면을 중시하면서도 뒤로는 욕망이 들끓고 있는 인간의 양면성을 이야기한다. 한 인물 안에서 지킬 박사와 하이드라는 선악이 공존하며 끊임없이 투쟁한다.

이와 대조적인 작품으로 영화 〈슈퍼맨〉이 있다. 만화로 시작해서 영화화 된 〈슈퍼맨〉에서 '또 다른 나'는 긍정적인 인물로 그려진다. 클락 켄트는 진정한 자신을 감추고 신문기자로 살아간다. 그의 원래 이름은 '칼엘(Kal-El)'이다. 칼엘은 고대 유대인들이 사용한 아람어로 '신의 목소리'를 뜻한다. 칼엘에게는 부모가 있었다. 그의 부모는 자신들이 거주하는 은하계 크립톤('비밀스런 땅'이라는 의미)이 파괴되기 직전, 칼엘을 바구니에 담아 은하계를 연결하는 공간인 '상상의 나일 강'에 띄워 보낸다. 여기까지는 성서에 등장하는 모세의 탄생 이야기와 유사하다.

우리가 진정으로
응시해야 하는 것은
외부 세계가 아니라
바로 나 자신이다.

응시의 목적은

'있는 그대로의 나'를

'담담한 시선으로 보는 것'이다.

구태의연하고 진부한 시선이 아닌

새롭고 객관적인 시선으로

바라보는 것이다.

칼엘은 미국 캔사스 주의 한 농가에 도착하게 되고, 이 후미지고 허름한 곳에서 그는 평범한 소년으로 성장한다. 그러던 어느 날 그는 돌연 햇빛의 세례를 받으며 깨달음을 얻는다. 지상에서 태어났지만 그의 본성을 깨닫게 해주는 매개체는 하늘에서 내려오는 햇빛이다.

이후 그는 자신이 클락 켄트라는 이름의 평범한 소년이 아니라 한 걸음에 높은 빌딩을 건너뛸 수 있는 '또 다른 나', 즉 슈퍼맨임을 깨닫는다. 햇빛은 누구에게나 쏟아지지만 그것을 통해 또 다른 나를 발견하는 경우는 슈퍼맨과 같은 영웅 말고는 흔치 않다. 슈퍼맨처럼 자신의 한계를 넘어서는 인간은 얼마든지 영웅이 될 수 있다.

내게도 삶의 결정적인 사건이 있었다. '또 다른 나'를 찾게 한 그 깨달음의 순간은 바로 미국이라는 미지의 땅에서 인생의 멘토를 만났을 때다. 어느 날 나는 그를 찾아가 물었다. "당신의 제자가 되고 싶습니다." 그러자 그는 이렇게 답했다. "Show yourself!"

한마디로 너 자신을 내게 보여달라는 말이었다. 그가 원한 나의 모습은 아무런 준비도 없이 서 있는 오래된 나, '과거의 나'가 아니었다. 나를 넘어선 '또 다른 나', 과거를 벗어던진 '미래의 나'였다. 그의 목소리는 내 영혼을 울리는 신의 소리와도 같았다.

멘토와의 만남이 있은 뒤 나의 하루하루는 이전과 전혀 다른 나를 찾는 수행으로 채워졌다. 그것은 힘들지만 감동적인 일이었다. 내 영혼을 울린 멘토의 목소리는 지금도 여전히 나를 깨운다. 그리고 새로운 여정을 시작할 용기를 갖게 한다.

———

여러분은 걸어야 합니다.

걸음을 통해 길을 만드십시오.

그 길은 이미 존재하여 당신을 기다리고

있는 것이 아닙니다.

그 길은 하늘과 같습니다.

그곳에서 새들은 날아다니지만 어떤 흔적도

남기지 않습니다.

당신은 그 길을 따라갈 수 없습니다.

그곳에는 어떤 발자국도 없기 때문입니다.

– 오쇼 라즈니쉬

갈림길

내가 선택한 그 길에는 발자국이 찍혀 있지 않았다

때때로 '전설(傳說)'이라는 말에 가슴 뛸 때가 있다. 그럴 때면 소년처럼 나만의 전설을 만들겠다는 결심이 불쑥 솟아오르기도 한다. 전설이란 각자의 심연에 숨어 있는 보물을 찾아 나서는 여정 이야기다. 전설은 나를 흥분시켜 최선을 발동하게 하고 동시에 내가 반드시 감행해야만 하는 운명의 길이다.

내가 내딛는 한 걸음 한 걸음은 모두 숭고한 여행의 과정이자 목적지다. 이 여행의 가장 큰 걸림돌은 실패에 대한 두려움이다. 하지만 이 두려움은 나만의 전설을 실현하는 데 꼭 필요한 트레이너다. 우리는 이 두려움이라는 혹독한 트레이너를 통해 한계를 깨닫고 그것을 뛰어넘고자 하는 의지를 갖게 된다.

전설을 위한 걸음은 순교적이다. '순교자(殉敎者)'에 해당하는 영어 '마르티르(martyr)'는 원래 고전 그리스어에서 유래했다. '마르티르'의 의미는 두 가지다. 하나는 '법정에서 자신이 선택한 말이나 행동이 진리임을 증언하다'이고, 다른

내가 내딛는 한 걸음 한 걸음은
모두 숭고한 여행의
과정이자 목적지다.

이 여행의 가장 큰 걸림돌은
실패에 대한 두려움이다.
하지만 이 두려움은
나만의 전설을 실현하는 데
꼭 필요한 트레이너다.

하나는 '숭고한 원칙을 위해 목숨을 바치다', 즉 '순교하다'
이다.

순교자는 자신의 말이나 행동이 진리인지 아닌지 객관적으
로 증명할 길이 없다. 중요한 것은 자신이 지금 걷는 이 길
이 진리임을 믿는 것이다.

'믿음'은 흔히 자신과 무관한 도그마에 무조건 동의하는 행
위로 알려져 있다. 그런 믿음은 시대에 따라, 그리고 개인의
성향에 따라 항상 재구성되어야 한다.

'믿다'라는 영어 동사 '빌리브(believe)'는 '자신에게 소중한
것을 헤아려 알고 그것들의 우선순위를 매기고 그것을 지키
려는 삶의 태도'를 의미한다.

우리의 삶을 굳건하게 버티게 하는 그 바탕에는 이와 같은
믿음이 깔려 있다. 이것이 없다면 타인의 이데올로기에 쉽
게 동의해버려 결국 자신만의 고귀한 특권을 포기하게 된
다. 스스로에게 소중한 것이 무엇인지 깊이 헤아리는 행위
가 곧 믿음의 시작이다.

믿음이란
'자신에게 소중한 것을
헤아려 알고
그것들의 우선순위를 매기고
그것을 지키려는 삶의 태도'다.

이것이 없다면
타인의 이데올로기에 쉽게 동의해버려
결국 자신만의 고귀한 특권을 포기하게 된다.
스스로에게
소중한 것이 무엇인지
깊이 헤아리는 행위가 곧 믿음의 시작이다.

미국의 시인 프로스트가 쓴 시 「가지 않은 길」은 세계에서 가장 사랑받는 영시 중 하나다. 나는 이 시를 오랫동안 음미해왔고, 최근 이 시에 담긴 새로운 알레고리를 발견해냈다. 그 알레고리를 프로스트가 의도했는지는 알 수 없지만 이 시를 번역하면 다음과 같다.

두 개의 길이 노란 숲에서 갈라져 있었다.

둘 다 갈 수 없어 섭섭했다.

하나만을 가야 했기에 한참을 서 있었다.

나는 볼 수 있는 데까지 내려다보았다.

길이 덤불로 굽어져 가는 곳까지.

나는 똑같이 좋아 보이는 두 개의 길 가운데 하나를 택했다.

그 길이 더 나은 선택이라 여겼다.

풀이 많고 사람들이 잘 다니지 않는 길이었기 때문이다.

그 길로 간다 해도

별다른 흔적이 남지 않을 것이었다.

그날 아침, 내 앞에는 두 개의 길이 있었다.

낙엽엔 발자국이 찍혀 있지 않았다.

아, 나는 돌아올 다른 날을 위해 첫 번째 길을 남겨두었다.

그러나 그 길이 또 다른 길로 이어져 있었기에

내가 돌아올 것임을 짐작하고 있었다.

세월이 한참 흐른 뒤,

나는 한숨지으며 말하리라.

"두 개의 길이 하나의 숲에서 갈라져 있었지.

나는 사람들이 잘 다니지 않는 길을 택했지.

그리고 그것이 내 인생을 바꿨지."

나는 지금까지 이 시를 "남들이 가지 않은 길"을 선택한 인생을 찬양하는 시로 해석했다. 이 시를 읽을 때마다 "남들이 가지 않은 길"을 택하겠다고 다짐하며 우월감에 빠지곤 했다.

그런데 최근에 다시 이 시를 읽어보니 다른 해석이 보였다.

시인은 사람들이 잘 가지 않은 길을 선택했다고 담담하게 고백한다. 동시에 두 갈래 길에 이르렀을 때 두 길이 "똑같이 좋아 보였다"고 말한다. 사람들이 잘 가지 않은 길은 사실 "똑같이 좋아 보이는 두 개의 길" 중 하나일 뿐이다. 시인은 자신이 택한 길이 아닌 다른 길을 선택했더라도 그 길은 사람들이 잘 가지 않은 길이라며 스스로를 위안했을 것이다. 스스로 선택한 삶이 최선이었다고 믿는 것, 즉 자기기만에 대한 찬양이며 위안이다.

문제는 스스로를 기만할 만큼 나 자신에게 최면을 걸 수 있는가 하는 것이다. 그 선택에 대한 믿음이 있는가이다. 최선이란 자신을 위한 최적의 선택이다. 묵상을 통해 그 유일무이한 운명의 길을 선택하는 순간은 거룩하다. 자신에게 진실한 것이 다른 이들에게도 진실한 것이라고 확신하는 것 또한 중요하다. 이럴 때 필요한 게 바로 자기기만이다. 자기기만은 천재성의 발로이자 후회 없는 삶의 나침판이다. 이는 보잘것없는 자신을 포장해 남들에게 과시하는 행위가

최선이란
자신을 위한
최적의 선택이다.

묵상을 통해

그 유일무이한 운명의 길을

선택하는 순간은 거룩하다.

아니다. 마음속 깊이 숨어 있는 보물을 찾아가는 숭고한 여행이다. 이 여행은 그것을 지켜보는 이들 또한 그 보물을 찾아 나설 수 있도록 용기와 희망을 안겨준다.

이슬람 신자인 무슬림들은 하루에 다섯 번씩 메카를 향해 기도한다. 메카는 무슬림들이 만들어야 하는 전설의 진원지이자 종착점이다.

이들은 자신이 가야 할 길을 상기하고자 메카를 향한 화살표 모양의 표식을 갖고 다닌다. 이 표식을 아랍어로 '끼블라(qibla)'라고 한다. 그들은 자신만의 전설을 쓰고 신의 뜻에 승복하기 위해 하루에 다섯 번씩 자신이 가야 할 길과 목적지를 상기한다. 온몸을 바닥에 붙인 채 매일 순교적이고도 숭고한 삶을 다짐한다.

우리는 하루에도 몇 번씩 갈림길 위에 선다. 내가 선택할 수 있는 길은 하나뿐이고, 그 순간 나는 최선의 선택을 해야 한다. 그리고 그 선택을 믿어야 한다.

미래란 과거나 현재에 내가 선택한 결과에 불과하다. 우리는 흔히 시간의 흐름을 과거−현재−미래로 나누지만 사실 시간은 흐르는 강물처럼 하나다. 미래는 오늘 내 선택의 자연스러운 결과일 뿐이다.

———————

세상에는 두 종류의 선생님이 있습니다.

당신을 수많은 총알로 무장시켜

더 이상 움직이지 못하게 하는 사람과,

당신의 등을 살짝 밀어

당신을 창공으로 뛰어내리게 하는 사람입니다.

– 로버트 프로스트

멘토

스스로 운명을 개척하려는 자에게만 찾아오는 스승

가끔, 지금 이 순간의 나의 여정이 거룩한 목적지에 도달하기 위해 필요한 과정인지 묻고 싶을 때가 있다. 그럴 때 필요한 존재가 스승이다.

스승은 그 길 위에서 최선을 다하도록 나를 촉구하는 존재다. 인격적으로 완벽한 존재이기보다 나보다 앞서 자신만의 길을 걸어가는 도반(道伴)이자 선각자다.

서양에서는 스승을 '멘토(mentor)'라고 부른다. '멘토'는 1750년경 문학작품에 등장한 영어 단어로, 오늘날에는 '스승/조언자'라는 의미를 지닌다. '멘토'의 첫 글자 'men'은 인도유럽어의 어근 '생각하다'에 해당하는 'man-'의 사역형으로 '생각하게 만들다'라는 의미다. 이 어근에 '~하는 사람'에 해당하는 어미 'tor'가 붙어 '멘토'가 됐다. 직역하면 '멘토'는 '생각하게 만드는 사람'이다. 다시 말해 '자신 본연의 의무를 성찰하게 만드는 사람'이다.

인간은 매순간 주위의 기대나 체면에 휘둘려 쉽사리 부화뇌동한다. 멘토는 부화뇌동하는 우리로 하여금 반드시 이루어야 할 본연의 임무를 잊지 않도록 끊임없이 상기시키고 촉구한다.

호메로스의 『오디세이아』에는 멘토 이야기가 등장한다. 오디세우스와 페넬로페 사이에는 텔레마코스라는 아들이 있었다. 오디세우스는 트로이로 원정을 떠나면서 자신의 친구인 '멘토'에게 아들 텔레마코스를 돌봐줄 것을 부탁한다. 기약 없는 여행을 떠나면서 아버지 오디세우스는 자신의 아들이 장차 이타카의 왕이 될 수 있도록 가르쳐줄 선생이 필요했던 것이다.

텔레마코스는 어느새 스물한 살의 청년이 됐다. 그는 스무해 동안 고아나 진배없이 자랐다. 아버지의 부재로 이타카의 왕이 될 수도 없었다. 어머니 페넬로페가 다른 영주들의 아내가 되기라도 한다면 곧바로 왕자에서 비천한 신분으로 전락할 운명이었다.

스승은
그 길 위에서
최선을 다하도록
나를 촉구하는 존재다.

인격적으로
완벽한 존재이기보다
나보다 앞서
자신만의 길을
걸어가는
도반이자 선각자다.

이런 상황에서 한번도 자립해본 적이 없는 텔레마코스에게 가장 필요한 것은 무엇이었을까. 바로 자신이 누구인지를 확인하기 위해 미지의 '경계'로 자신을 밀어내어 시험해보는 용기다. 아직도 어리고 유약한 텔레마코스였지만, 그는 자신이 처한 딜레마의 희생자가 되기를 거부한다. 대신 그는 자신의 운명을 개척하기로 결단한다.

그는 홀로 파도가 넘실대는 해안으로 가 무시무시한 회색빛 파도에 손을 씻는다. 그리곤 크게 외친다.

"아테네 여신이여, 제 기도를 들어주십시오. 당신은 어제도 우리 집에 오셨습니다. 그때 행방이 묘연한 아버지의 귀향 소식을 알려면 배를 타고 잿빛 심연 바다 위를 항해하라는 명령을 내리셨습니다."

그 순간 기적이 일어난다. 여신 아테네가 아버지 친구인 늙은 멘토로 변신한 것이다.

"텔레마코스! 네게 아버지 오디세우스의 고귀한 용기가 스며들어 있다면, 너는 이제 바보도 겁쟁이도 아니다. 오디세우스는 자신의 말을 어긴 적이 없다. 자신의 일을 완수해내지 못한 적도 없다. 아버지를 찾아 나선다면 네 여정은 성공할 것이다."

그 후 텔레마코스는 아버지의 행방을 찾아 안개가 자욱하고 큰 파도가 넘실대는 아드리안 해안으로 간다. 항해를 시작하기 위해서다.

이 이야기에서 텔레마코스의 스승은 아버지 오디세우스의 오랜 친구 멘토나 그의 모습으로 변장한 여신 아테네인 것처럼 보인다. 그러나 그의 진정한 스승은 다름 아닌 자기 자신이다. 멘토는 자신이 처한 상황을 독수리의 눈으로 꿰뚫어보고 회색빛 바닷물에 손을 씻는 순간, 텔레마코스의 마음속에 자리하기 시작한 특별한 존재다.

이제 텔레마코스는 아버지의 오랜 친구인 멘토의 말을 통해서도 신의 목소리를 들을 수 있을 뿐만 아니라 자신의 마음 깊은 곳에서 흘러나오는 심오한 소리를 듣는 영적인 귀를 갖게 되었다.

타인의 시선과 평가 그리고 구태의연함에 안주하는 이에게 멘토는 찾아오지 않는다. 광활한 바다에 몸을 싣고 인생의 항해를 떠날 때 멘토는 슬며시 찾아와 나의 눈이 되어주고 귀가 되어준다. 인생의 최상의 멘토는 나 자신이다.

———————

사람들은 높은 산, 바다의 넘실대는 파고,
강물의 드넓은 조류, 별들의 운행들을
감탄하기 위해 외국에 갑니다.
그러나 정작 자신들이 가진 신비를 생각 없이
지나쳐버립니다.

– 아우구스티누스

진부

나에게 찾아오는 새로움을 막는 훼방꾼

영적이며 지적인 수련을 방해하는 훼방꾼 중 하나는 '진부(陳腐)'함이다. '陳腐'라는 한자를 풀이하면 좀 특이한 구석이 있다. 진부는 '썩은 고기[腐]'를 남들이 보라고 '전시하는[陳]' 어리석음을 뜻한다.

고대 사회에서 고기를 맛보기란 무척 드물고 어려운 일이었다. 그래서였을까. 자신이 가지고 있는 고기를 남들에게 자랑하고 싶어 한 사람이 있었다.

그는 사람들이 올 때마다 자신의 고기를 꺼내 보여주곤 했다. 처음에는 누구랄 것도 없이 그 귀한 고기를 탐냈고 고기의 주인인 그를 부러워했다. 그러다 시간이 지나면서 고기는 썩기 시작했고 악취를 풍겼다.

이런 지경인데도 고기 주인은 계속해서 그 썩은 고기를 사람들에게 보여주었다. 썩은 고기 냄새에 익숙해져 악취가 나는지도 몰랐던 탓이다. 그는 썩은 고기 냄새 때문에 아무도 그를 가까이 하려 하지 않는다는 사실을 몰랐다. 고기 때문에 사람들이 자신에게 머리를 조아릴 것이라고 착각했다.

이렇게 고기가 썩는 줄도 모르고 남들에게 과시하는 사람을 가리켜 진부한 사람이라고 한다. 남들이 부러워할 만큼 자신의 강점인줄 알았던 고기 때문에 결국 망하고 말았다는 이야기다.

직원을 채용하는 기업마다 '참신(斬新)한 인재'를 원한다. 그러나 오늘날 통용되고 있는 상투적이고 틀에 박힌 교육 환경 속에서 참신한 인물이 등장하기란 거의 불가능해보인다. 지금까지의 교육은 진부함만을 양산해왔다. 진부하지 않은 참신한 인물을 발굴해내기란 하늘의 별따기보다 어려워졌다.

'斬新'이라는 한자도 '진부'만큼이나 특이해서 글자 모양을 가만히 들여다보면 참신한 인물이 되기가 얼마나 힘든지를 짐작할 수 있다. '참(斬)'자는 고대 중국에서 죄인을 죽이던 극형 틀인 수레와 도끼로 이루어져 있다. 그러니까 참신이란 도끼로 치듯 과거의 구태의연함과 완전히 단절한다는 뜻이다.

과연 과거와 결연히 단절하고 새로 태어나는 일이 보통사람에게도 가능할까.

소크라테스는 자신을 찾아온 사람과 격의 없이 대화하기를 즐겼다. 하지만 그게 전부는 아니었다. 그는 상대방의 말을 경청한 뒤 그가 편견과 무지에 사로잡혀 있음을 넌지시 알려주었다. 말하자면 사람들이 자신들의 진부함을 스스로 헤아려 알도록 하는 것이 소크라테스식 대화의 진정한 목적이었다.

참신한 인물에게는 자신의 본모습을 객관적으로 볼 수 있도록 지속적으로 채찍질을 하는 멘토가 있기 마련이다. 이 멘토는 현실 감각을 망각하게 하는 선생이 아니다. 멘토는 즐겨 읽는 양서를 매개로 대화를 나누고 서로의 엉뚱하고 고유한 생각을 공유함으로써 동지가 되는 인생의 동반자다.

매순간 진부함을 떨쳐버리지 않으면 존재할 수 없는 이들이 있다. 위대한 현대 무용가 마사 그레이엄(Martha Graham)이 그랬다. 그녀는 안무(按舞)란 무대 디자인, 의상, 춤의 다양한 순서와 극적인 몸짓 안에 숨겨져 있는 어떤 것이라고 말한다.

그레이엄의 움직임은 신체적이며 동시에 감정적인 힘과 조절 그리고 나약함을 표현한다. 움직임이 극단적으로 유연해서 춤추는 자들에게는 고통이 따른다. 그녀에게 발레는 극적인 드라마이며 열정이다.

안무는 매순간 그 자리에 없는 무언가를 발견해 표현하려는 살아 있는 몸짓이다. 무용가는 지속적으로 자신의 움직임에 몰입함으로써 자신 안에서 흘러나오는 섬세한 침묵의 소리를 감지하고 끝까지 따라가고자 한다. 이 섬세하고 거룩한 소리를 온몸으로 따라가다 보면 어느새 미지의 세계로 진입하는 신기한 경험을 하게 된다. 그 결과 무용은 몸짓을 넘어 하나의 예술작품으로 승화된다.

지구가 태양을 공전하고 태양계와 같은 수많은 별들이 섬세한 침묵의 소리와 같은 블랙홀을 중심으로 회전하듯이, 무용가의 몸짓도 자기 자신이라는 블랙홀을 중심으로 단호하고도 숭고하게 회전한다.

보통의 사람들은 대부분 침묵의 소리가 만들어내는 길을 감지하지 못하거나 따라가기 힘들어 중간에 멈춰버리기 일쑤다. 진부함에 해당하는 영어 '미디오크러티(mediocrity)'는 '중간'을 뜻하는 'medi'와 '험한 산'을 뜻하는 'ocris'의 합성어다.

진부함이란 산의 정상에 오르겠다고 마음먹었지만 지친 나머지 산 중턱에서 머뭇거리는 상태를 뜻한다. 처음에는 산 정상에 올라가 자신이 완벽을 향해 정진했음을 축하하고 싶어 한다. 그러나 그런 초심을 잃고 중간에서 머뭇거리는 게 서양인들에게 있어서 진부함의 의미였다.

진부한 사람은 자신 속에서 흘러나오는 침묵의 소리를 듣지 못할 뿐만 아니라 자신만의 삶의 안무를 갖지 못한다. 인간의 귀는 다른 사람들의 평가와 인정에 목말라하기 때문이다. 행복이란 자신이 만들어낸 삶에 달려 있다는 사실을 알기란 쉽지 않다.

마음의 소리에 귀를 기울이고, 자신만의 맞춤형 안무를 만들어 끝까지 완주한 이들이 있다. 플라톤, 붓다, 예수, 조로아스터, 무함마드. 이들은 남들이 써놓은 책이나 관습에서 삶의 기술을 배우지 않았다. 남들의 생각을 따르기보다 자신의 생각을 말하고 직접 행동으로 옮겼다.

우리는 대개가 위대한 시인이나 성인들이 만들어놓은 빛나는 별을 쳐다보느라 정신이 없다. 문득 번뜩이는 아이디어가 떠올라도 자기 것이라는 이유로 외면한다.

이렇게 남의 것이나 따르는 삶이 계속되는 한 자신만의 고유한 문법을 만들어내는 참신한 삶은 찾아오지 않는다. 진부는 우리를 더 이상 앞으로 나아가지 못하고 머뭇거리게 하는 끔찍한 훼방꾼이다.

진부한 사람은
자신 속에서 흘러나오는
침묵의 소리를
듣지 못할 뿐만 아니라
자신만의 삶의 안무를
갖지 못한다.

인간의 귀는 언제나
다른 사람들의 평가와 인정에
목말라하기 때문이다.

내가 나를 위하지 않는다면,

누가 위하겠는가?

내가 나 자신을 위한 유일한 사람이 아니면,

나는 무엇이란 말인가?

지금이 아니라면, 언제란 말인가?

— 힐렐

자립

당신 자신과 무관한 그 어떤 것도 추구하지 마십시오

인간은 여느 동물과 달리 두 발로 서고 두 발로 걷는다. 누가 가르쳐주지 않아도 일정한 시간이 지나면 우리는 스스로 걷기 시작한다. 비로소 자기다운 삶을 향해 첫발을 내딛는 순간이다. 이렇게 스스로 바로 서는 이 행위를 '자립'이라고 한다.

나는 과연 홀로 설 수 있을까? 이 질문은 육체적으로 두 발을 땅에 딛고 설 수 있느냐는 물음일 뿐만 아니라 정신적으로, 나아가 영적으로 독립적인 인간이 될 수 있느냐에 대한 물음이다. 인간은 독립적일 때 더욱 빛나기 마련이다.

그러나 안타깝게도 우리는 독립적으로 서는 법을 거의 배운 적이 없어서 지연, 학연, 혈연에 의존하기 일쑤다. 자기 자신을 정의할 수 있는 내용물(contents)이 별로 없다 보니 사회라는 이익 집단이 만들어낸 신용장 뒤에 숨는 것이다. 이 신용장을 '엑스트라'라고 한다. 엑스트라는 말 그대로 삶에서 생략해도 되는 무언가다.

다른 누군가에게서 전해들은 이야기들, 이 이야기들에는 그 것을 들려준 사람만이 갖고 있는 편견과 왜곡이 군살처럼 붙어 있다. 때로 그 군살은 눈덩이처럼 불어난다. 그러나 위 대한 혁신가들은 전통이나 관습에 기댄 타인의 생각을 거침 없이 잘라버린다. 그러고는 이전까지 듣지도 보지도 못했던 '새로운 길'을 탐색한다.

새로운 길이란 자신의 삶을 위한 최선의 길이며, 최선이란 내 삶에 있어서 모든 것을 걸고 추구해야 할 나만의 임무다. 우리가 철학이나 종교, 과거 문화나 문명을 공부하는 것은 그것을 만든 이들의 천재성을 찬양하기 위해서가 아니다. 그들의 천재성을 감지하고, 우리 스스로 자신의 철학과 종 교, 삶에 대한 새로운 노래를 만들기 위해서다.

랄프 왈도 에머슨(Ralph Waldo Emerson)의 「자립(*Self-Reliance*)」 이라는 에세이가 있다. 이 글은 '나는 스스로 온전할 수 있 는가? 나는 나 자신에게 얼마나 만족하는가?'에 대한 의문 을 갖고 있는 우리에게 던지는 정신적 '독립선언문'이다.

위대한 혁신가들은

전통이나 관습에 기댄
타인의 생각을
거침없이 잘라버린다.
그러고는 이전까지 듣지도 보지도 못했던
'새로운 길'을
탐색한다.

에머슨은 다음과 같은 라틴어 문구로 에세이를 시작한다. "Ne te quaesiveris extra." 번역하면 "당신 자신과 무관한 그 어떤 것도 추구하지 마십시오"다.

자립을 원한다면 먼저 해야 할 일이 있다. 내 삶에서 엑스트라를 분별해내고, 그것들을 제거하는 일이다. 엑스트라를 선별하는 이 과정을 '생각'이라고 한다. 생각은 세상을 바꾸는 위대한 공식이나 철학으로부터 시작되지 않는다. 생각은 내 삶에서 없어도 되는 것들을 분별해내는 능력이다. 엑스트라를 제거하는 순간, 우리는 비로소 두 발로 서게 된다.

우리는 독립적으로 생각하기 시작하면서 스스로에게 묻는다. '인간이란 무엇인가? 나는 누구인가?' 이 같이 철학적이고 영적인 질문들은 자립을 모색하는 첫 걸음이다.

우리는 종종 자신의 존재 이유에 대한 답을 나와 상관없는 과거의 성인이나 철학자들이 남긴 이야기에 의지해 찾으려 한다. 그러나 위대한 사상가들의 글과 그들의 사상을 숭배하는 학파의 이론, 창시자를 신격화한 종교의 교리 속에서

생각은

세상을 바꾸는 위대한 공식이나

철학으로부터 시작되지 않는다.

생각은

내 삶에서 없어도 되는 것들을

분별해내는 능력이다.

내가 가야 할 길을 찾는 일은 불가능하다. 그 길은 나의 내면 깊은 곳에 숨어 있기 때문이다. 그 심연 속에서 반짝이는 별을 발견해내는 것, 그것이 곧 내가 추구해야 할 무언가를 찾아내는 일이다.

마음속 깊이 숨어 있는 별을 찾아내기 위해 우리는 무엇을 해야 할까. 아인슈타인은 우주의 신비를 탐구할수록 점점 더 그 안에 숨어 있는 신비에 매료됐다. 이 비밀은 인간의 이성으로 이해할 수 있을 것 같으면서도 그것을 넘어선, 도저히 숫자로나 말로는 형용할 수 없는 어떤 것이었다.

1930년, 아인슈타인은 자신의 과학 세계에 정면으로 도전하는 새로운 이론을 만난다. 이른바 양자역학. 원자의 행동을 설명하는 이 이론은 "우리 시대 가장 성공적인 물리학 이론"으로 불렸다. 이 이론은 이후 트랜지스터, 레이저, 화학 등에 적용되어 현대인의 삶을 편리하게 해주었다.

그러나 정작 아인슈타인은 양자역학을 원자에 대한 최종 이론으로 받아들이지 않았다. 물질의 인과성을 믿었던 그는 우주를 확률적으로 보는 양자역학의 설명과 성공에 당황했다. 그는 인과성을 기초한 예상 가능한 질서를 신봉했고, 그 조화로운 질서 안에서 자신을 드러내는 어떤 존재를 신봉했다.

그는 이 존재를 신이라 일컬었다. 우주 속에 숨어 있어서 좀처럼 모습을 드러내지 않는 신, 우주의 질서와 조화를 이룬 존재로서의 신.

아인슈타인은 이 신이 특별한 소리로써 소통한다고 믿었고, 그 소리를 '내면의 소리'라고 불렀다. 이 소리는 인간 모두의 마음속 깊은 곳에 숨은 채 우리의 발굴을 기다린다. 이것은 바로 천재성이다.

천재성은 어린아이 같이 서투르고 즉흥적이며, 이성의 논리를 뛰어넘는다. 동시에 그것은 우리가 숭배하는 이성이라는 신전의 반대편에 있는, 우리의 본성을 자극하는 광기(狂氣)이기도 하다. 내면의 소리란 바로 현대인들이 애지중지하는 신과 신전에 대항하는 광기다. 아인슈타인에게 이 소리는 종교였다.

이 '거룩한 선물(a sacred gift)'은 마음속에 있는 쓸데없는 것들을 제거할 때 미세하지만 맑은 소리를 내기 시작한다. 가만히 눈을 감고 내면의 소리에 귀를 기울여보자. 이 소리가 전해주는 내 마음 안의 우주, 그 조화로운 질서 속에서 반짝, 빛나는 나만의 천재성을 발견하게 될 것이다.

4부

용기,
자기다운 삶을 향한 첫걸음

인생은 두 가지 길뿐이다.

하나는 아무것도 기적이 아닌 것처럼 사는 것이고,

다른 하나는 모든 것이 기적이라고 생각하는 삶이다.

– 아인슈타인

못

당신의 마아트는 무엇인가

'몫'은 매우 신비한 단어다. 몫은 내게 맡겨진 절체절명의 임무이자 나만이 할 수 있고 나의 개성이 마음껏 드러나는 그 어떤 것이다. 추측컨대 몫은 '목숨'을 줄인 글자가 아닐까 싶다. 그래서 자신의 목숨을 걸고 일생을 통해 추적하고 발견할 가치가 있는 어떤 것, 또는 자원해서 자신의 모든 것을 바칠 수 있는 과업이 아닐까.

그렇다면 나의 몫은 무엇일까. 자신 고유의 몫을 모르는 이유는 무엇보다도 자신만의 유일한 몫에 대한 깊은 성찰이 부족하기 때문이다.

일정한 교육을 받고 스스로 사고할 능력이 생기면 반드시 건너야 할 통과의례와 같은 질문이 있다. 자신의 몫이 무엇인지, 스스로 만족할 만한 일은 무엇인지 스스로에게 물어야 한다. 이것이 우리가 배움의 길에 들어서는 이유다.

그런데 학교에서는 남의 이야기만을 학습하고 암기한다. 남의 길을 따라가거나 남이 만들어놓은 논리를 추종할 따름이다. 오늘날 미국을 정신적으로 독립시킨 사상가 랄프 왈도 에머슨은 말한다. "남을 부러워하는 것은 무지이며 흉내 내는 것은 자살 행위"라고.

인류는 이 몫을 추구하고 소중하게 여김으로써 문명을 구축할 수 있었다. 기원전 3100년, 아프리카 대륙의 북동부 나일 강 유역에서 이집트 문명이 등장했다. 그것은 인류 최초의 문명이 발생한 역사적 사건이었다.

고대 이집트인들은 이 세상의 삶을 '잠시(暫時)'라고 생각했다. 파라오들은 이승에서 잠깐의 삶을 산 이후 영원히 거주할 안식처를 건축했다. 이렇듯 문명을 탄생시킨 것은 사후 세계의 존재를 가정한 인간의 상상력이었다. 인간이 삶에 대한 이야기를 시작하면서 동시에 사후 세계에 대한 이야기도 시작됐다. 우리는 무덤 뒤에 펼쳐질 세상에 대해 집착해 왔다. 죽음을 인식하는 유일한 동물인 인간은 유한한 삶을 무한한 삶으로 바꾸려 부단히 노력했다.

인간은 생물학적으로 자신의 유전자를 남기려고 일부일처

제라는 가장 효과적이며 경제적인 제도를 만들었다. 동시에 문화적으로 자신의 이름을 새긴 장례 건물이나 비석도 남겼다. 자신의 이름을 영구히 남기려는 인간의 욕망과 상상력이 피라미드를 남겼다.

기원전 2650년경 이집트 고왕국 시대의 파라오였던 쿠푸(Kufu)는 자신만의 영원한 안식을 위해 피라미드 건설을 주문했다. 당시 피라미드 건축의 총괄 책임자는 임호텝(Imhotep)이었다. 임호텝은 재상이면서 수학자였다. 그는 이집트 전역에서 모은 하얀 석회암을 나일 강을 통해 배에 실어왔다.

오늘날 이집트 기자에는 우뚝 선 세 개의 피라미드를 볼 수 있다. 이 중 가운데에 있는 제일 높은 피라미드가 임호텝이 쿠푸 왕을 위해 지은 피라미드다. 이 피라미드의 원래 높이는 147미터이며 정사각형 밑단은 230미터다. 230만 개의 흰색 석회암이 사용됐다. 지금은 세월에 의해 빛이 바랬지만 당시엔 경이로움 자체였을 것이다.

이 피라미드는 4600년이 지난 지금도 원래 모습 그대로 유지되고 있다. 어떻게 그게 가능할까. 임호텝은 울퉁불퉁한 모래사장 위에 석회암 230만 개를 올릴 계획을 세웠다. 하지만 그전에 이 바위들이 무너지지 않고 영원히 건재하도록 의식을 치러야 했다. 의식이란 바로 타조 깃털인 '마아트(Maat)'를 피라미드의 무게 중심에 정확하고도 단호하게 놓는 것이다.

이집트인들은 기원전 3200년경 처음으로 문자와 도시를 만들어 문명을 구축한 민족이다. 그들은 나일 강 상류에 거주하던 누비아와 에티오피아에서 건너온 사람들이었다. 그들은 건물을 지을 때 그 중심에 타조 깃털을 놓고 의례를 행하곤 했다.

이집트어인 성각 문자에서는 이 타조 깃털 모양을 '마아트'라고 했다. 마아트란 흔히 '정의/진리/조화/질서/법' 등으로 번역된다. 유교의 도(道)나 힌두교의 르타(rta) 혹은 히브리인들의 샬롬처럼 우주 삼라만상의 운행 원칙을 설명하는 철학적 개념이다.

몫은

내게 맡겨진 절체절명의 임무이자

나만이 할 수 있고

나의 개성이 마음껏 드러나는

그 어떤 것이다.

랄프 왈도 에머슨은 말한다.

"남을 부러워하는 것은 무지이며

흉내 내는 것은 자살 행위"라고.

마아트는 정사각형의 중심이 아니라 주어진 지형에서 전체 무게를 지탱할 수 있는 최적의 지점이다. 산술적으로 계산된 중간 장소가 아니라 그 순간의 지형에서 가장 알맞고 적당한 장소다.

임호텝은 피라미드에서 이 유일한 장소를 찾아낸 사람이다. 이 유일무이한 장소가 230만 개의 바위를 충분히 지탱할 수 있는 역동적인 오메가 포인트다. 그 결과 피라미드는 오늘날 인류 역사상 가장 훌륭한 예술품이자 뛰어난 발명품 중 하나로 남게 됐다.

마아트는 피라미드 건축의 핵심일 뿐만 아니라 인간 삶의 궁극적인 비밀이기도 하다. 고대 이집트의 『사자의 서』는 사람이 죽은 뒤 영원한 사후 세계로 진입하기 위해 거쳐야 하는 통과의례를 묘사한다.

기원전 13세기, 이집트 파라오 세티 1세의 가축들을 관리하던 휴네페르라는 교관이 있었다. 그는 자신이 죽은 뒤 지하 세계로 내려가 심판받게 될 과정을 피라미드 속에 그려놓았다. 이 책이 바로 『사자의 서』다.

휴네페르는 시체 방부 처리를 관장하는 신인 아누비스에 의해 심판대로 끌려간다. 아누비스는 시체를 방부 처리하는 것뿐만 아니라 저울을 지키는 자다. 죽은 사람이 지하 세계의 가장 깊은 곳인 '두아트(duat)'로 들어가기 전에 그럴 자격이 있는지를 측정한다. 죽은 자는 두아트를 지나 부활을 시작한다.

심판대의 오른편에는 문자의 신인 토트가 있다. 토트는 살아생전에 휴네페르가 한 생각과 말, 행동 등을 기록한 생명의 책을 읽고 있다. 그는 죽은 자가 생전에 어느 곳에도 치우치지 않는 중용의 삶을 살았는지를 기록한다.

토트 신 아래에는 괴물 암무트가 웅크리고 앉아 있다. 암무트는 아누비스와 토트 신이 죽은 자의 심장을 마아트와 견주어 균형을 측정하는 과정을 감독한다. 만일 휴네페르의 심장이 균형을 이루지 못하면 암무트는 그를 잡아먹는다. 그렇게 되면 휴네페르는 더 이상 두아트를 지나 영생의 신인 오시리스를 만나는 여정을 떠날 수 없게 되고, 그의 영혼은 영원히 정착하지 못하는 떠돌이가 되어 그는 두 번 죽게 된다.

가장 중요한 것은 휴네페르와 토트 신 사이에 있는 천칭 그림이다. 천칭의 오른편 그릇에는 마아트가 올려져 있고, 왼편 그릇에는 휴네페르의 심장이 올려져 있다. 고대 이집트인들은 심장에 그 사람의 모든 행위가 기록되어 있다고 믿었다. 마아트와 심장을 저울질하는 동안 휴네페르는 42개의 부정 고백을 암송해야 한다. 예를 들면 "나는 죄를 짓지 않았습니다, 나는 폭력으로 강도짓을 하지 않았습니다, 나는 훔치지 않았습니다" 등이다.

자신이 생전에 해야 할 운명적인 일을 찾기 위해서는 우선 하지 말아야 할 일들을 명확히 알아야 한다. 자신에게 부차적인 일은 과감히 잘라내야 한다. 42개의 부정 고백을 암송하는 동안 마아트와 심장이 평형을 이루어야 한다. 영원한 세계로 가기 위한 마지막 통과의례다.

영원한 세계로 진입하려는 휴네페르에게 신은 어떤 질문을 던졌을까. 열심히 일해서 많은 돈을 벌었는지 혹은 훌륭한 정치가가 되었는지, 아니면 명예를 얻었는지를 묻지는 않았을 것이다. 아마도 신은 그에게 "당신은 자신이 꼭 행해야 할 마아트가 무엇인지 깊이 생각해본 적이 있습니까? 그것을 이루기 위해 목숨을 바칠 정도로 최선을 다했습니까?" 라고 물었을 것이다. 마아트란 유일무이한 나의 몫을 의미한다. 그렇다면 나의 마아트는 과연 무엇일까.

인생은, 자기 자신을 찾느냐 하는 문제가 아니라

자기 자신을 창조할 수 있는지의 문제다.

– 조지 버나드 쇼

열
정

나를 가장 나답게 만드는 힘

무엇이 나를 가장 나답게 할까. 우주에서 그 어떤 것으로도 대치할 수 없는 유일한 '나'는 어떻게 만들어질까. 다른 모든 만물들이 그렇듯이, 우리는 자신의 의지와는 상관없이 운명적으로 마주한 환경, 특히 공간과 시간의 영향을 받기 마련이다.

우리는 부모와 사회, 국가라는 공간과 21세기라는 시간의 교차점이 만들어낸 이념과 세계관 안에 산다. 대부분의 사람들은 이 세계 속에서 편안함을 느낀다. 그 외의 세상을 경험하지 못했기 때문이다.

'교육'이란 이 편안한 세계가 결국 나 자신을 질식시키는 '알'이라는 사실을 깨닫도록 유도하는 자극이다. 그리고 나로 하여금 이 알을 깨도록 용기를 주는 멘토다. 자신이 알고 있는 세계가 편협하다는 것을 깨닫고 그것으로부터 탈출해 다른 여러 세계를 경험하는 것이야말로 교육의 핵심이다.

'교육하다'라는 뜻의 영어 '에듀케이트(educate)'를 보면 교육의 목적을 감지할 수 있다. 그것은 자신이 처한 자연적인 환경과 운명의 부족함을 절실하게 알아차려, 자신을 용감하게 '밖으로(e) 이끄는(duction)' 행위다. 한마디로 황홀감을 경험하는 것이다.

많은 사람들이 타인이 만들어놓은 획일화된 도그마와 지식을 강제로 암기하는 것이 교육이라고 착각한다. 이런 교육은 자신의 편견을 더욱더 견고하게 할 뿐이다. 우리는 이 껍데기를 깨고 제3의 눈을 통해 객관적이면서도 동시에 주관적으로 자신의 편견을 관찰해야 한다.

힘들더라도 이 낯설고 불편한 시공간으로 진입해 그 안에서 견디는 노력이 교육이다. 이것이 바로 스스로를 자기답게 만드는 여정의 첫걸음이다.

온갖 매스컴을 마주하다 보면 "젊은이여, 열정을 가져라!"라고 하는 문구를 자주 보게 된다. 열정이라는 단어가 너무도 흔하게 쓰여서 언급하는 것조차 진부하게 느껴질 정도다. '열정'의 정확한 의미는 무엇일까. '열정을 갖는다'라는 표현은 과연 어떤 마음가짐일까.

자신이 알고 있는 세계가
편협하다는 것을 깨닫고
그것으로부터 탈출하여
다른 세계를 경험하는
것이 교육의 핵심이다.

열정을 가진 사람은 어떤 것에 대해 지나친 욕망을 품는다. 그 열정은 대개 자신이 지닌 상처나 콤플렉스를 채워 온전한 사람으로 거듭나기 위한 몸부림이다. 단점이 더 나은 자신을 위한 발판으로 작용해 장점으로 변화한다. 마음속 깊이 감춰져 있던 보물이 열정이라는 이름으로 차츰 그 빛을 내기 시작하는 것이다.

우리는 이 열정을 행동으로 옮기면서 서서히 자신이 원하는 인간으로 변화한다. 자신만의 소명을 담은 감정이 외부로 표현되어 직업이 될 때 열정은 완성된다. 우리의 외적인 말과 행동은 내적인 생각의 정확한 표현이다. 열정은 '속의 나'를 '겉의 나'로 거침없이 이끌어주고, 겉의 나를 통해 속의 나를 완성시키는 도구다.

그러나 열정에는 불안과 위험이 도사리고 있다. 이것은 종종 짝사랑과도 같아서 내가 간절히 원한다 해도 그 대상은 나를 쳐다보지 않는다. 그러므로 이때의 나는 불안하고 취약할 수밖에 없다. 이 과정을 인내하려면 용기가 필요하다.

'열정'이라는 뜻의 영어 '패션(passion)'은 고대 그리스어 '파세인(pathein)'에서 유래했다. 파세인은 '지금 여기에서 일어나고 있는 이해할 수 없고, 낯설고, 어렵고, 불편한 현실을 십자가를 짊어지듯 나의 어깨 위에 매는 행위'다.

패션이나 파세인 모두 기본적인 의미는 고통이다. 자신이 간절히 원하는 이상적인 파라다이스에 진입하는 여정이 어디 그리 쉽기만 하겠는가. 그래서 열정에는 위험한 모험이자 초인적인 용기가 따라야 한다.

열정은 타인을 위한 보여주기가 아니다. 열정은 자신의 성장을 막고 있는 정신적인 콤플렉스에 대한 깊은 성찰을 통해 그 민낯을 드러낸다. 자신의 약점을 응시하다 보면 우리의 뇌는 자동 조정 상태로 진입한다. 이것을 '몰입'이라고 한다.

몰입은 어린아이가 진흙을 가지고 놀 때 나타나는 뇌의 상태다. 스스로 자신의 콤플렉스를 직시하고 그것을 극복하려는 이 몰입의 과정 속에서 바로 나만의 열정이 솟아난다.

이 열정의 단계에 진입하면 내 삶에서 부차적이고 거추장스러운 것들을 자연스럽게 그리고 과감하게 제거하게 된다. 열정을 가진 자에게 타인의 의견이나 평가는 고려 대상이 아니다.

미국 팝가수 레이디가가는 어릴 적 자신의 꿈에 대해 이렇게 이야기한다. "저는 제가 커서 무엇이 될지 몰랐어요. 그러나 저는 지나치게 용감하고 싶었고, 온 우주에 열정이 무엇인가를 항상 상기시켜주는 사람이 되고 싶었어요. 열정이 어떻게 소리가 나는지, 열정이 어떻게 느껴지는지."

그녀는 정말로 누구도 흉내 낼 수 없는 사람으로 살아가고 있다. 그녀는 〈나는 이런 식으로 태어났지(Born This Way)〉라는 자신의 노래에서 외친다. "나는 나 나름대로 아름답지. 왜냐하면 신은 실수하지 않으니까. 나는 바른 길로 가고 있어. 나는 이런 식으로 태어났지!"

열정은 자기혁신의 첫 걸음이다. 나에게도 나의 모든 것을 걸 만한 열정이 있을까. 당신은 어떤가. 그 열정이 너무 오래 잠들어 있지는 않은가.

인생엔 의미가 없습니다.

우리 각자에게 의미가 있습니다.

우리는 크 의미를 살려내야 합니다.

당신이 해답을 가지고 있는 질문을 묻는 것은

시간낭비입니다.

— 조셉 캠벨

믿
음

자
기
자
신
을
구
원
하
는
유
일
한
길

익숙한 일상에서 벗어나 나만의 여정을 떠나기란 쉽지 않다. 과거는 나를 안정과 편안이라는 이름으로 유혹한다. 이 유혹을 떨쳐내려면 불편하고 낯선 미지의 세계로 자신을 진입시켜야 한다.

어제의 상태로부터 자신을 강제로 이탈시키는 행위를 '엑스터시(ecstasy)'라고 한다. 엑스터시는 보통 무당이 경험하는 입신의 경지나 마약 이름으로 알려져 있다. 원래는 '자신의 과거나 사회가 부여한 수동적인 상태에서 벗어나 자신만의 길을 가려는 투쟁'을 의미한다. 무아(無我)의 상태로 진입하려는 마음과 그것을 행동으로 옮기는 과정이다.

그러나 나만의 길을 가겠다는 결심을 행동으로 옮기기란 무척 어렵다. 이때 결심을 단단하게 여며주고 상기시켜주는 고마운 도우미가 있다. 바로 육체적 운동이다.

나는 28년 전 한 멘토를 만났다. 그는 내게 오로지 이것만을 주문했다. "아침마다 달리십시오. 그리고 시간이 남으면 공부하십시오."

솔직히 말해 당시 나는 이 조언의 심오한 의미를 알지 못했다. 그래도 그의 말을 믿고 아침마다 뛰기 시작했다. 그때 살고 있던 동네를 한 바퀴 도는 데 40분 정도가 걸렸다. 아침 달리기를 건너뛸 핑계는 수천, 수만 가지다. 피곤해서, 바빠서, 약속이 있어서 등등. 아침에 눈을 뜨는 순간부터 그럴싸하고 달콤한 유혹들이 나를 혼미하게 한다.

운동복과 운동화를 착용하고 뛰기 시작하면서도 그 유혹의 꼬리를 붙들고 다시 집으로 돌아가고만 싶어진다. 이 아침에 달리기를 하는 사람이 과연 제정신일까 하는 생각으로 달리다 보면 어느새 숨이 찬다. 내가 지금 뭘 하고 있는 거지? 하면서 달리다 보면 그새 또 10분이 지나 있다.

마라톤 동호회 모임에서 늘 외치는 구호가 있다. "30초를 달릴 수 있다면 마라톤도 완주할 수 있습니다." 나는 이 구호가 상투적인 거짓말이라고 투덜거리면서도 계속해서 달린다. 어느새 20분이 지나고 슬슬 다리에 통증이 느껴진다.

그렇게 괴로운 순간들을 마주하며 달리다 보면 또 10분이
지나 있다.

그러다가 문득, 내가 달리고 있다는 사실을 망각하는 순간
에 진입한다. 나는 나 자신으로부터 탈출하는 이 30분경에
도달하는 순간을 무척 좋아한다. 엑스터시를 경험할 수 있
기 때문이다.

그 후 10분이 순식간에 지나가면서 천상의 선물이 몸속으로
스며든다. 온몸에서 솟아나는 땀, 근육의 미세한 떨림, 심장
의 두근거림, 거친 숨소리 그리고 자연스레 얼굴에 퍼지는
미소. 비록 발은 땅을 딛고 있지만 마치 하늘을 나는 것 같
은 기분이다. 나도 모르는 사이 이 단계에 진입하면 나는 전
력을 다해 질주한다. 이 순간의 엑스터시는 나의 하루를 가
치 있게 만드는 원동력이다.

일본에는 하늘로 날아간 물고기에 관한 신화가 있다. 하늘
로 날아간 이 물고기의 이름은 '코이'다. 코이는 '잉어'를 뜻

하는 일본어로, 연못이나 어항에서 흔히 볼 수 있는 주황색 물고기다.

아주 옛날 조그맣고 연약한 코이 한 마리가 있었다. 코이는 어느 날 불가능한 도전을 하기로 결심한다. 모든 수고들 중 가장 숭고한 행위인 깨달음에 도달하려는 것이다. 그런데 코이가 이 깨달음에 도달하려면 반드시 해내야 할 일이 있다. 바로 강물을 거슬러 올라 '갈 때까지 가보는 힘겨운 노력'이다.

코이는 강물을 거슬러 오르는 매순간 집중하고 몰입해야 한다. 한눈을 팔았다가는 자신도 모르게 바다 입구까지 떠내려갈 수도 있다. 강물에 몸을 싣고 하류로 내려가는 다른 물고기들은 코이의 행동을 이해할 수 없었다. 그냥 물살을 따라 하류에서 어울려 살면 되지 굳이 왜 강물을 대적할까? 이런 말을 들을 때마다 코이는 외로웠다. 물론 다른 물고기들처럼 강물에 몸을 맡기고 싶은 생각이 들 때도 있다.

이런 코이에게는 다른 잉어들이 갖고 있지 않은 게 있었다.

깨달음에 도달하려면
반드시 해야 할 일이 있다.
바로 강물을 거슬러 헤엄쳐
'갈 때까지 가보는
힘겨운 노력'이다.

바로 호기심이다. 자신에 대한 그리고 세상에 대한 호기심, 자신과 세상의 기원에 대한 호기심. 코이는 도도하게 흐르는 강물이 어디서부터 시작되었는지 알고 싶었다. 강의 끝에 무엇이 존재하는지, 자신의 원천(源泉)이 과연 어디인지 알고 싶었다. 나아가 자신이 어떤 존재이며, 자신에게 강물을 거슬러 오를 용기가 있는지 알고 싶었다.

코이는 뾰쪽한 돌에 부딪쳐 피가 나고, 다른 포식 어류들의 공격을 받으면서도 쉽사리 포기하지 않았다. 강물의 원천을 향한 외로운 여행을 결코 멈추지 않았다.

코이는 숱한 장애물과 맞닥뜨린다. 자신의 마음에서 일어나는 부정적인 생각과도 맞닥뜨린다. 불안, 두려움, 포기의 유혹이 코이의 마음을 갉아먹었다. 그럴 때마다 코이는 그것들을 자신을 단련시키는 계기로 삼았다. 상류로 갈수록 물길은 거세고 지세는 가팔랐다. 체력이 강해진 만큼 극복해야 할 장애물도 강력해졌다.

체력이 거의 고갈되었을 즈음 코이를 완벽하게 좌절시킬 만큼 무시무시한 장애물이 등장했다. 끝이 보이지 않는 직각의 폭포였다. 폭포수는 쉴 새 없이 낙하하며 세찬 물방울을 튕겨냈다. 폭포는 코이의 지친 몸을 산산이 조각낼 만큼 무시무시했다. 이 폭포를 도저히 거슬러오를 수 없을 거라는 사실에 코이는 망연자실했다.

하지만 코이에게는 마지막 방법이 남아 있었다. 코이는 상상력을 동원해 결심한다. "내가 비록 물고기에 지나지 않지만, 물고기이기를 포기하겠다. 그리고 내 지느러미와 꼬리를 날개로 만들어 폭포 위로 날아가겠다."

코이의 자기믿음은 확고했다. 그 순간 그는 한 마리 용이 됐다. 자신을 향한 믿음이 그를 용으로 변하게 한 것이다. 예수도 『신약성서』에서 병자를 고쳤을 때, 자신이 그를 고쳐주었다고 말하지 않는다. 예수는 "너의 믿음이 너를 구원했다"라고 말한다. 자기믿음만이 자신을 구원할 수 있다.

문제는 자기 자신을 진정으로 믿을 수 있는가이다. 코이는 자신을 가차 없이 떠밀어내는 강물의 속박에서 벗어나 한 마리 용이 되어 훨훨 하늘을 날아오른다. 자유로운 존재가 된 자신을 보며, 그리고 발아래 아스라이 멀어지는 폭포수를 보며 코이는 눈물을 흘린다.

성공과 실패를 가르는 것은 매순간 자기확신과 그 확신을 지켜내는 인내다. 끊임없이 우리를 다른 무엇이 되라고 유혹하고 강요하는 세상에서, 진정한 자기 자신으로 사는 것은 얼마나 숭고한 일인가! 그것이 참된 성공의 의미는 아닐까.

모든 사람의 끝은 같습니다.

그 사람이 어떻게 살았고, 어떻게 죽었는지

그 디테일이 사람을 구분합니다.

– 어니스트 헤밍웨이

아
우
라

———

당신의 아우라는 얼마나 숭고한가

이미 한 번 봤는데도 또 보고 싶어지는 영화가 있다. 이탈리아 영화감독 파올로 소렌티노의 〈라 그란데 벨레짜(*La grande bellezza*)〉(2013)가 그렇다. 우리나라에는 〈그레이트 뷰티〉라는 제목으로 개봉되었는데, 이탈리아어에 담긴 순수함과 선명함을 전달하기에는 부족함이 많다.

'그란데'라는 단어는 보통 스타벅스 같은 곳에서 커피를 주문할 때 큰 사이즈를 가리키는 말이다. '그란데'는 라틴어 '그란디스(grandis)'에서 유래했는데, 원래는 '숭고한'이라는 뜻을 가지고 있다. '숭고하기'에 더 '크게, 힘차게 그리고 위대하게' 보인다.

숭고함은 우리가 흔히 아는 선과 악을 넘어서는 것으로, 그 자체로 감동을 자아내는 매력이 있다. '벨레짜'는 '아름다움'이라는 의미다. 아름다움은 '자신이 반드시 해야 할 일을 깨달아 알고 그것을 행동으로 옮길 때 자신의 몸에 배어들기 시작하는 아우라'를 말한다. '라 그란데 벨레짜'를 굳이 우리말로 옮긴다면 '숭고한 아우라'라고 할 수 있지 않을까.

영화의 주인공 '젭'은 부유한 남자다. 스물여섯 살에 쓴 소설 『인간 장치』가 베스트셀러가 되면서 그는 돈과 명예를 거머쥔다. 콜로세움이 정면으로 보이는 발코니와 널찍한 난간이 있는 대저택에서 향락적인 파티를 열며 로마의 부르주아로 인생을 즐긴다.

그런데 놀다 보니 또 다른 욕심이 생겨난다. 젭은 더 이상 돈과 명예를 욕망하지 않는다. 그가 진정으로 욕망하는 것은 다름 아닌 '아우라'다. 아우라는 남들과는 다른 자신만의 고유한 '진정성'의 표현이다.

영화는 프랑스 근대시의 선구자 루이-페르디낭 셀린(Louis-Ferdinand Céline)의 「밤의 끝으로의 여행」이라는 시의 한 단락을 인용하며 시작한다. 이 시는 영화가 펼쳐지는 '영원한 도시' 로마에 어울리는 충분한 아우라를 갖고 있다.

"여행은 유용합니다. 상상력을 훈련시킵니다. 나머지는 실망과 피곤함이죠. 우리의 여행은 온통 상상입니다. 그것이 여행의 힘입니다. 여행이란 태어나서 죽음으로 가는 것이 죠. 사람, 동물, 도시, 물건들 이 모든 것은 상상의 산물입니다. 여행은 소설입니다. 가짜 이야기죠. 리트레(프랑스 사전을 만든 학자)가 그렇게 말했습니다. 그는 틀린 적이 없습니다. 누구나 그만큼 할 수 있죠. 눈을 감기만 하면 됩니다. 여행은 삶의 다른 편에 있습니다.”

주인공 젭은 로마에 거주하지만 여행자처럼 산다. 인간의 삶도 그렇다. 이 영화는 지구라는 별의 여행자인 우리에게 해야 할 일이 무엇인지를 묻는다.

19세기 프랑스의 도시 문화를 상징하는 단어가 있다. 바로 ‘플라뇌르(flâneur)’다. 플라뇌르는 열정적으로 끊임없이 방랑하고 산책하는 사람이다. 세상으로부터 자신을 분리시키는 동시에 도시를 탐미하는 예술가와 시인이기도 하다. 현대적인 삶의 부산함을 잘 알고 있으면서 동시에 도시와 자본주의가 가져다주는 화려함과 소외감을 탐닉하는 존재가 바로 플라뇌르다.

젭은 21세기식 플라뇌르의 전형이다. 그는 세상으로부터 자신을 분리시키는 동시에 도시의 화려함을 탐닉하는 존재로서 손색이 없다.

로마에는 로마 황제 베스파시아누스가 1세기경 건설한 최대 엔터테인먼트 건물이 있다. 바로 콜로세움이다. 이 콜로세움을 배경으로 저녁노을이 젭의 집 발코니를 황홀하게 물들인다. 로마의 멋진 플라뇌르답게 젭은 우아한 슈트를 입었고, 회색 머리는 질서정연하게 뒤로 넘긴 채다.

젭의 65번째 생일, 로마의 온갖 플라뇌르들이 그의 저택으로 모여든다. 정장을 차려입은 신사들과 우아한 기품의 부인들, 섹시한 드레스의 여인들과 개성으로 넘치는 남자들, 젊은 사람과 늙은 사람, 뚱뚱한 사람과 마른 사람, 키가 큰 사람과 난쟁이… 이들의 공통점은 거만하다는 것이다.

이들은 마티니를 마시고 마약을 흡입하며 테크노 음악에 맞춰 미친 듯이 몸을 흔든다. 로마 플라뇌르들의 공허함이 젭의 파티 속에서 화려하게 꽃을 피운다.

아름다움은 ───────
'자신이 반드시 해야 할
일을 깨달아 알고 그것을
행동으로 옮길 때 ───────
─────── 자신의 몸에
배어들기 시작하는 ───────
아 우 라 ' 를   말 한 다 .

아우라는 남들과는 다른

자신만의 고유한 ─────────

───────── '진정성'의 표현이다.

지난 마흔 해 동안 젭은 로마 부르주아들을 만나 싱거운 이야기를 하며 소일했다. 천부적인 미적 감각과 감성으로 사람들의 말에 몰입하고 조언도 아끼지 않았다. 하지만 누구와도 사랑에 빠지지는 못했다. 스물두 살에 바닷가에서 만난 아름다운 여인 엘리자 때문이다. 그는 엘리자에게서 '라 그란데 벨레짜', 즉 '숭고한 아우라'를 경험했다.

로버트 번스의 시가 전통적인 스코틀랜드 운율에 맞춰 흘러나온다. "내 마음은 스코틀랜드 산악 지대에 있습니다. 내 마음은 여기에 있지 않습니다. 내 마음은 스코틀랜드 산악 지대에 있습니다. 저는 사슴을 쫓아가는 사람이었습니다. 야생 사슴을 쫓아가는 사람이었습니다. 노루를 쫓아가는 사람이었습니다. 어디를 가든 내 마음은 스코틀랜드 산악 지대에 있습니다."

번스의 시는 젭의 마음을 비춰주는 거울이다. 젭에게 엘리자는 이제는 결코 만날 수 없는 스코틀랜드의 노루며, 야생 사슴이다. 수십 년이 지난 지금, 젭은 침대에 누워 하얀 천장을 바라보며 엘리자와 사랑을 나누던 넘실거리는 바다를 상상할 뿐이다.

영화에는 젭과 정반대의 삶을 사는 여성이 등장한다. 바로 104세가 된 성녀 마리아다. 성녀 마리아는 매일 40그램의 식물 뿌리만 섭취하며 금욕 생활을 실천하는 인물이다. 그녀는 젊은 시절 젭이 쓴 소설 『인간 장치』에 매료된 적이 있다. 젭은 마리아를 자신의 집에 초대해 대화를 나눈다. 다음 날 아침, 젭의 테라스에 앉아 있는 성녀 마리아 앞에 플라밍고 수십 마리가 날아와 고요히 앉아 졸고 있다.

그녀는 젭에게 왜 다시 책을 쓰지 않느냐고 묻는다. 젭은 '숭고한 아우라'를 아직 찾지 못해서라고 대답한다. 그러자 그녀는 느닷없이 "내가 왜 뿌리만 먹는지 아세요?"라고 묻고는 "뿌리가 중요하기 때문이죠"라고 스스로 대답한다. 그녀가 입김을 후, 불자 플라밍고는 아침 햇살에 빛나는 콜로세움 위로 날아가버린다. 자신이 가야 할 곳으로 가기 위해 우리는 이곳에 잠시 머무는 것뿐이다. 마치 테라스에 날아와 잠시 졸던 플라밍고들처럼.

또 하루가 지나고 성녀 마리아는 라테란 성당에 와 있다. 그녀는 성당의 스물여덟 개 대리석 계단을 힘들게 기어오른다. 그녀는 계단 위, 십자가에 매달린 예수를 그린 성화를 향해 다가간다. 가까스로 올라가 예수의 얼굴을 보는 순간, 영화의 화면은 43년 전으로 돌아가 젭의 여인 엘리자의 얼굴로 가득 찬다.

엘리자는 젭의 진정한 뿌리였다. 바닷가에 서 있는 스물두 살의 청년 젭에게 엘리자가 말을 건넨다. "보여줄 게 있어." 엘리자는 하얀 블라우스를 벗어 자신의 눈부신 가슴을 보여준다. 자신이 경험한 순간의 환희만이 진실하다. 성녀 마리아에게는 성화가 존재의 뿌리였다면, 젭에게는 엘리자가 존재의 뿌리였다.

젭은 로마의 테베레 강가를 거닐며 독백한다. "언제나 이렇게 끝난다. 죽음으로… 죽음 이전에 삶이 먼저 있었다… 침묵과 감성, 감성과 공포 그리고 길들여지지 않은 채 변덕스럽게 반짝이던 아름다움이 모두 묻혔다… 저 너머엔 저 너머의 것이 있다. 난 저 너머에 있는 건 신경 쓰지 않는다."

젭은 자신이 경험할 수 없고 확인할 수 없는 것들에 매달리지 않기로 다짐한다. 마침내 젭은 마흔두 해 동안의 지적인 마비에서 깨어난다. 그리고 자신의 뿌리에서 싹을 틔우기 시작한다. 그는 이제야 소설을 쓸 수 있게 됐다. 아무리 사소한 것이라도 자신이 직접 경험한 이야기가 타인이 만들어 놓은 우주 창조 신화나 종교의 교리보다 훨씬 숭고하기 때문이다.

오늘은 또 흘러가는 그런 날이 아닙니다.

오늘은 당신에게 주어진 유일한 날입니다.

오늘은 선물입니다.

– 루이 슈워츠버그

착
함

자신에게 소중한 것을 인내로써 지켜내는 행위

자립을 위한 첫째 조건은 편하고 익숙한 장소에서 벗어나는 것이다. 우리는 흔히 그런 곳을 집이나 고향이라고 한다. 1988년, 서울올림픽이 시작되기 직전 나는 집과 고향을 떠나 먼 곳으로의 여정을 시작했다. 비행기로 20여 시간을 날아 도착한 곳은 보스턴에 있는 하버드 디비너티 스쿨(Harvard Divinity School).

이곳은 다양한 종교인들이 만나 서로를 이해하고, 자신이 선택한 종교에 대해 심오한 수련을 하는 곳이다. 그곳에서 나의 기나긴 유학 생활이 시작됐다.

내가 이곳에서 공부한 첫 번째 주제는 종교였다. 석사과정을 마친 뒤, 종교와 문명의 배경이 된 고대 언어에 매료된 나는 다시 셈족어와 인도-이란어 고전문헌학을 전공했다. 이때의 시간들은 나의 긴 학문 여정의 씨앗이 되는 특별한 경험이었다. 그렇게 소중하게 매달렸던 오래된 자아를 유기할 수 있었던 혁명적 시간이었다.

1988년 가을부터 1989년 봄까지 미국의 석유 재벌 록펠러가 지어주었다는 기숙사에서 생활하면서 나는 새로운 정신 세계로 들어서고 있었다. 그것은 마치 새끼 거북이가 알을 깨고 나온 뒤 바다의 심연으로 들어가 미역 줄기로 연명하는 것과도 같은 시간이었다.

4층으로 된 기숙사에는 한 층에 스무 명의 학생들이 거주했다. 중간에 부엌이 있어서 각자 식사를 해결하는 시스템이었고, 각층에는 화장실과 샤워실을 공유하는 네 개의 방이 붙어 있었다. 싫든 좋든 네 명이 한 해 동안 함께 살아보라는 학교 측의 숨은 의도였는지도 모른다.

나와 함께 화장실과 샤워실을 공유한 친구들의 프로필은 이랬다. 우선 키가 2미터나 되는 흑인 '스탠리'는 미국인이며 한 대형 교회의 목사였고, 시카고 대학 티베트어 교수로 있다가 현재는 네팔의 국제 불교학교 원장으로 있는 '나왕 조르덴'은 티베트 출신 불교 라마승이었다. 그리고 현재 FBI 암호 해독가로 일하는 무신론자 '존' 그리고 한국에서 다양한 종교를 접해보지도 못했고 배울 기회도 없었기에 종교적으로나 문화적으로나 무식했던 내가 한 해 동안 함께할 운명의 네 남자였다.

지금 생각해보면 그때의 기숙사 생활은 종교와 삶에 대한 나의 시각에 새로운 지평을 열어주었다. 물론 처음부터 그렇지는 않았다. 당시 나의 목표는 공부 열심히 해서 좋은 학점으로 박사과정에 들어가는 것뿐, 그 외에는 어떤 것도 용납하지 않는 이기적인 인간이었다. 이런 내가 난생 처음 보는 각양각색의 '다른' 인간들과 한곳에 모여 생활하게 된 것이다.

종교가 다를 뿐만 아니라 종교가 업(業)인 사람들과 함께하는 생활은 가히 가관이었다. 저마다 자신이 믿는 신앙 체계가 우월하며 최고라고 착각했기 때문이다. 그러나 그보다 더 큰 문제는 따로 있었다. 아침이면 모두 볼일을 보고 씻고 학교에 가야 하는데, 여럿이 사용하다 보니 화장실과 샤워실이 항상 복잡하고 더러웠다.

문제는 스탠리 목사였다. 그가 화장실과 샤워장을 사용하고 나면 상상할 수도 형용할 수도 없는 지독한 냄새가 났다. 얼마나 지독한지 두세 시간은 접근조차 할 수 없을 정도였다. 더 힘든 것은 그런 화장실과 샤워실을 우리가 직접 청소까지 해야 한다는 것이었다.

나는 이 지독한 곤경에서 빠져나갈 기발한 아이디어를 생각해냈다. 나는 나머지 세 명에게 기숙사 화장실과 샤워실을 사용하지 않고 학교 체육관 샤워실을 이용할 테니 대신 화장실 청소 당번에서 제외시켜달라고 통보했다. 어떻게든 그 상황을 피하고 싶은 마음뿐이었던 나는 아침 일찍 학교 체육관에서 하루를 시작했다.

그러던 어느 날, 밤늦게 기숙사로 돌아와 화장실을 들여다본 나는 그만 깜짝 놀라고 말았다. 화장실은 물론 샤워실까지 먼지 한 점 없이 깨끗하게 청소되어 있었고, 향까지 피워져 있었다. 티베트에서 온 나왕 스님이 남모르게 청소를 하고 향까지 피워놓은 것이다.

그는 그때부터 1년간 수행하듯 묵묵히 화장실을 청소하고

향을 피웠다. 그런 그를 보면서 나는 붓다를 떠올렸다.

붓다의 가르침 중에 "도덕적으로 사는 것"이 "남을 위해 사는 것"이라는 말이 있다. 붓다에게는 그저 신비로운 종교 체험이나 금욕 생활 그리고 한계를 극복하는 자기 증명만으로는 충분치 않았다. 해탈(解脫)을 경험한 뒤에도 마찬가지였다.

붓다는 히말라야 산맥에서 홀로 유유자적하는 삶, 즉 니르바나(Nirvana)의 상태에 거하지 않았다. 그는 땀내 나고 가난하고 북적이는 시장 바닥으로 돌아와 보통사람들과 함께 어울리며 자신뿐만 아니라 모두를 위한 헌신적인 삶을 살았다.

열반에 든 뒤로는 초월적 평화에 탐닉하는 영적 유혹에 빠질 뻔한 적도 있었다. 하지만 이내 유혹을 떨치고 길거리에 머물며 40년 동안 자신이 깨달은 바를 사람들에게 널리 알렸다.

인생의 최고의 가치는 자비(慈悲)다. 붓다는 상대방이 사랑하는 것을 사랑하는 마음, 상대방이 사랑하는 것을 즐길 수 있는 환경을 만드는 마음인 '자(慈)'와 상대방이 슬퍼할 때 함께 슬퍼할 수 있는 마음, 상대방이 슬퍼하지 않는 환경에 살 수 있도록 노력하는 마음인 '비(悲)'를 실천했다.

대승 불교에서 영웅은 '보디샤트바', 즉 보살(菩薩)로 불린다. 보살이란 자비를 깨닫고 묵묵히 실천하는 존재다. 붓다는 깨달음의 직전에 열반의 희열 속으로 사라지기보다 세상의 고통, 그 고통의 한가운데로 돌아와 사람들과 함께 희로애락을 견디기로 결심했다. 그리고 그 결정을 거침없이 행동으로 옮겼다.

이것이 붓다가 말한 '도덕적으로 사는 것'의 진정한 의미다. 도덕이란 지켜야 하는 율법이나 관습적 규칙이 아니다. 달콤한 유혹을 뿌리치며 세상 고통의 한가운데서 사람들과 함께하는 것이다. 함께 희로애락을 경험하며 자기 삶의 의미와 세상의 이치를 깨달아가는 것이다. 이런 의미에서 나왕 스님은 붓다의 가르침을 온몸으로 실천해보인 영웅적 존재였다.

도덕이란

지켜야 하는 율법이나

관습적 규칙이 아니다.

달콤한 유혹을 뿌리치며
세상 고통의 한가운데서
사람들과 함께하는 것이다.

함께 희로애락을 경험하며

자기 삶의 의미와

세상의 이치를

깨달아가는 것이다.

마침내 한 해가 지나 기숙사에서 퇴거할 즈음이었다. 무신론자 존이 우리를 불러 앉혔다. 그는 스탠리 목사나 내가 믿는 종교를 '가짜'라고 당당하게 말했다. 자신은 무신론자이지만 종교를 갖게 된다면 티베트 불교를 택하겠다고 했다. 나왕 스님의 조용하고 '향기로운' 행위의 결과였다.

존은 종교인이란 무엇을 믿고 주장하는 존재가 아니라 자신의 삶에 있어서 중요한 것을 알아차려 집중하고 행동하는 자라고 말했다.

종교는 흔히 신념 체계로 잘못 알려져 있다. 많은 사람들이 믿음의 대상인 절대적 존재가 중요하다고 알고 있다. 하지만 종교에서는 진정 무엇을 믿는지가 중요하지 않다. 믿음이란 자신의 삶에서 소중한 것을 찾아가는 과정이며, 그 과정에서 습득한 행동을 자연스럽게 드러내는 것이다.

성급하고 편협한 종교 간의 비교는 종교 간에 우열을 매기고 자기 종교의 기준에서 다른 종교를 판단하는 오류를 범하기 십상이다.

'다름'을 '참아주는 행위(톨레랑스)'는 이제 상대방에 대한 배려와 존경이라는 의미로 바뀌어야 한다. 한 종교만 옳다는 독단적인 주장은 지난 2000년 이상 면면히 흘러와 인류 역사를 형성시킨 종교 전체에 대한 모독이다. 종교마다 나름의 독특한 상징체계와 행동 양식이 존재한다. 이것들을 깊이 연구해보면 각각의 종교에서 지향하는 '길'은 '하나'라는 사실을 깨닫게 된다.

'착함'에 해당하는 히브리어는 '토브(tob)'이다. 이 단어는 '선하다'라는 뜻과 '향기'라는 의미를 동시에 지닌다. '착한 사람'은 일반적으로 수동적인 의미가 강조되어 자신의 생각을 감추고 남의 의견에 동의하는 자라고 알려져 있다. 그러나 그런 사람은 '착한 사람'이 아니라 '멍청한 사람'이다. 토브를 지닌 사람은 자신이 의도하지 않아도 그의 생각과 행동에서 좋은 향기가 풍긴다.
착함이란 자신의 삶을 깊이 들여다보고 자신에게 소중한 것을 찾아 인내로써 지켜내는 행위다. 그리고 '나는 향기로운 존재인가'를 스스로에게 질문하고 연습하는 삶이다.

어느 날 나는 티베트 스님 나왕에게 왜 매일 혼자서 청소를 하는지 물었다. 그러자 그가 대답했다. "그냥 좋아서."

'믿음'이란

자신의 삶에서 가장 소중한 것을 찾아가는 과정이며, 그 과정에서 습득한 행동을 자연스럽게 드러내는 것이다.

'착함'이란
자신의 삶을 깊이 들여다보고 자신에게
소중한 것을 찾아 인내로써 지켜내는 행
위다. 그리고 '나는 향기로운 존재인가'를
스스로에게 질문하고 연습하는 삶이다.

당신이 이 세상에서 보길 바라는
그 변화가 되십시오.

– 마하트마 간디

옳음

──

양심을 용기 있게 행동으로 옮기는 것

세상에 객관적으로 '옳은 것'이 있을까. 옳고 그름의 기준을 정하는 게 가능할까.

내가 옳다고 여기는 것이 상대방에게도 반드시 옳은 것은 아니다. 일부 과학자들은 인간의 본성이란 본래 이기적이라고 주장한다. 이기적인 행동을 하는 유전자가 지금까지 남아 있어서 우리는 그 유전자의 지시대로 움직인다는 것이다. 그들에게 이타적인 행동은 정신분열 현상이다. 그들은 인간의 선한 행동은 후에 자신이 도움받기 위한 보험에 불과하다고 주장한다. 인간은 결국 약육강식과 적자생존이라는 굴레 안에서 허덕이는 존재라는 것이다. 과연 그럴까. 이 세상에 선함 그 자체는 존재하지 않을까. 만약 옳은 것이 존재한다면, 그것은 과연 무엇일까.

고대 인도의 위대한 서사시 『마하바라타』에는 전설적인 왕 유디스티라와 그의 네 동생들에 관한 이야기가 나온다. 네 동생의 이름은 비마, 아르주나, 나쿨라, 사하데바다. 이들 모두는 드라우파디라는 한 여인과 결혼한다.

다섯 형제와 아내 드라우파디는 인생의 마지막 여정을 준비한다. 그들은 지상의 왕국을 떠나 천상으로 들어가기를 꿈꾼다. 이를 위해서는 반드시 정복해야 할 산이 있다. 히말라야다. 이 산은 세계에서 가장 높고 험준할 뿐만 아니라 우리 마음속에 숨겨진 심연의 산이기도 하다. 그 꼭대기에는 하늘로 가는 마차가 숨어 있다.

맨 먼저 포기한 이는 부인 드라우파디다. 비마가 형 유디스티라에게 묻는다. "드라우파디는 왜 포기했지요?" 유디스티라는 산에서 추락하는 부인을 쳐다보지도 않은 채 대답한다. "그녀는 영웅 아르주나만을 사랑했지. 사랑을 공평하게 나누지 못해 덕스럽지 않아."

사실 그녀가 천상으로 들어가기 위해서는 매일같이 자신 앞에 놓인 작은 산을 정복해야만 했는데, 그러지 못했다. 그 작은 산은 다섯 남편 모두를 이르는 것으로, 그녀는 유독 아르주나만을 사랑했다. 평상시 천상을 향한 수련으로 집착과 욕망을 다스려야 했으나 그녀는 그러지 못해 추락했다.

그다음 추락한 이는 사하데바다. 왜 추락했느냐는 비마의
물음에 유디스티라는 역시 떨어지는 사하데바를 쳐다보지
도 않고 대답한다. "똑똑하다는 자만심 탓에 추락했지."
사하데바는 평소 자신이 이해한 조그만 지식을 최고라고 착
각했다. 그 지식이 세상 지식의 전부이며 다른 지식의 기준
이라고 생각했다. 이런 착각을 자만심(自慢心)이라고 한다.
고대 그리스 철학자인 소크라테스가 이 세상에서 가장 현명
한 이유는, 자신이 아는 게 아무 것도 없다는 사실을 깨닫고
항상 새로운 것을 배우려 노력했기 때문이다.

그다음에 추락한 이는 나쿨라다. 비마가 또다시 그가 떨어
진 이유를 묻자 유디스티라는 이번에도 냉정하게 대답한다.
"그는 자신의 생김새에만 도취되어 살았어. 그 때문에 추락
했지." 나쿨라는 자신이 가장 잘생겼다는 편견을 갖고 있었
다. 또 자신의 외모만을 기준으로 세상의 아름다움을 판단
했다. 편견의 눈으로 아름다움을 판단하고 주장하는 오류를
범했다. 꽃이 아름다운 이유는 스스로 아름답다고 주장하지

않기 때문이다. 다른 꽃이 아름다운지 추한지에 무심하기 때문이다. 평생 편견에 빠져 산 나쿨라는 이런 진리를 알지 못했다.

다음엔 아르주나가 추락했다. 슬픔에 잠겨 있는 비마에게 유디스티라는 이번에도 역시 꿈쩍하지 않고 말한다. "아르주나는 자신을 세상에서 가장 위대한 영웅으로 생각했어. 그래서 추락했지." 자신을 영웅이라고 생각하는 순간 그는 더 이상 영웅이 아니다. 영웅이란 완벽한 영웅이 되고자 매 순간 수련하는 사람이기 때문이다. 이런 사실을 몰랐기에 아르주나는 추락하고 말았다.

이제 유디스티라와 비마만 남았다. 요리사인 비마는 힘이 장사만큼이나 좋았다. 유디스티라는 "너는 굶어죽는 사람들을 생각하지도 않고 맛나고 값진 음식을 너무 탐했구나"라고 말한다. 비마는 혀끝의 자극에 탐닉한 자였다.
이슬람사람들은 라마단 기간에는 해가 떠 있는 동안 음식을 먹지 않는다. 거의 한 달 동안 금식을 수련하는 이유는 음식이 인간 욕망의 근원이기 때문이다. 그리고 금식을 하는 더 큰 의미는 공동체 안에 배고픈 자를 기억하기 위해서다. 이들과 같은 처지에 자신을 던짐으로써 연민을 연마하라는 주문이다. 비마는 결국 더 이상 걷지 못하고 추락한다. 탐욕과 식탐으로 무거워진 몸과 마음을 추스르지 못한 결과였다.

마지막으로 유디스티라만 남았다. 유디스티라는 홀로 나무 아래에서 추위와 굶주림에 떨었다. 그때 갑자기 개 한 마리가 나타나 줄곧 그의 곁을 지키며 떠나지 않았다. 이 개는 인도에서 발견된 고유종인 '파리아(pariah)'다. 그는 개와 함께 히말라야 정상에 올라 하늘로 가는 인드라의 전차를 찾아 헤맸다. 눈보라 치는 가파른 바위의 갈라진 틈, 가시덤불로 앞이 가로막힌 장소, 만물을 한순간에 집어삼키는 시커먼 늪지대를 샅샅이 뒤졌다.

그러는 사이 유디스티라와 개는 형제가 됐다. 유디스티라가 먹을 것을 찾으면 먼저 개에게 먹였고, 개가 먹을 것을 찾으

면 유디스티라에게 양보했다. 아무 것도 찾지 못할 땐 함께
굶었다. 이들의 굶주림과 외로움은 서로를 향한 애틋한 사
랑으로 승화했다.

어느 날 개가 무언가를 발견한 듯 유디스티라를 쳐다보며
고개를 끄덕였다. 인드라의 전차가 숨겨진 비밀의 장소를
발견한 것이다. 둘은 누가 먼저랄 것도 없이 그곳으로 달려
갔다. 멋진 위용을 드러내는 인드라의 전차 가까이 다가가
려는 순간, 전차 안에서 우렁찬 목소리가 흘러나왔다. 인드
라 신의 목소리였다.

인드라 신은 숭고하고 용맹스러우며 지혜로운 유디스티라
와 그의 신복인 못생긴 개를 물끄러미 바라보고는, 유디스
티라가 지금까지 보여준 인내와 지혜 그리고 개를 향한 배
려에 대해 찬양의 말을 쏟아낸다. "유디스티라여, 마침내 도
착했구나! 얼마나 기다렸는지 모른다. 어서 내 전차를 타고
하늘로 올라가자!"

유디스티라는 개와 함께 인드라의 전차에 승선하려 했다.

그러자 인드라가 손을 들어 그들을 막았다. "뭐 하는 짓이냐! 개를 데리고는 절대 하늘로 갈 수 없다. 모든 존재가 하늘로 갈 수 있는 게 아니다. 네 개는 늙고 야위었으며 쓸모가 없다. 이런 개를 어찌하여 데리고 가겠다는 것이냐? 내 하늘엔 신도 사람도 감히 갈 수 없는 곳이다. 하물며 저 개가 쉴 자리는 하늘에 없다." 인드라의 말에 개는 가만히 멈춰 서서 유디스티라의 발 위에 머리를 조아렸다.

한참 동안 개를 바라보던 유디스티라의 눈에 눈물이 고였다. 마침내 그는 인드라 신에게 이렇게 이야기한다. "죄송하지만 제 개와 함께 갈 수 없다면 뒤돌아 다시 산을 내려가겠습니다. 이 개는 저의 가장 충직한 동반자였습니다. 언제나 저를 도와주었고 무조건적으로 사랑하고 따랐습니다. 천상에서의 기쁨은 개를 잃는 슬픔에 비하면 아무 것도 아닙니다. 이 개는 제 아내나 동생들보다도 낫습니다. 제 개가 하늘에 들어갈 자격이 없다면 제게도 그럴 자격이 없습니다." 유디스티라는 지금까지 힘들게 올라온 가파른 산길을 내려다보았다. 그러고는 결심한 듯 개와 함께 내려가기 시작했다.

바로 그때 인드라 신이 소리친다. "멈춰라, 유디스티라여! 나는 너처럼 고귀한 인격을 지닌 이를 본 적이 없다. 그 개는 사실 네 인격의 근원인 '다르마'다. 이것이 내가 너에게 행한 마지막 시험이었다. 이제 너는 하늘로 올라갈 자격이 있다."

그 순간 개는 다르마(Dharma) 신으로 변신한다. 다르마 신은 모든 시험을 통과한 유디스티라를 축복해준다. 어떤 상황에서도 욕심을 버리고 의로움에 헌신하는 다르마! 늙고 못생긴 개가 바로 다르마, 즉 유디스티라의 근원이었다. 이렇게 해서 유디스티라는 인드라의 전차에 올라 하늘로 승천한다.

인도 철학에는 우주를 지탱하는 원칙이 있다. 바로 '르타(rta)'다. 르타는 우주와 그 안에 존재하는 삼라만상의 근원이다. 이 르타가 인간이 사는 공동체에 적용되면 다르마이고, 그리고 그것이 개인에게 적용되면 '카르마'다.

다르마와 카르마는 각각 중국으로 들어가면서 '법(法)'과 '업(業)'으로 번역됐다. 한 사회가 순리대로 작동하기 위해서는 꼭 필요한 게 있다. 그 사회의 약자를 인식하고 그들을 헤아리는 마음인 연민(憐憫)이다. 그래야 법이 서고 법이 서야 사회가 순리대로 작동한다.

개로 상징되는 다르마는 다름 아닌 인간의 '옳음'이다. 위의 이야기에서 옳음이란 유디스티라가 산 정상에 오르기까지 보여준 용기나 지혜, 정의가 아니다. 늙고 못생긴 개를 자신의 형제로 삼고 끝까지 지켜내는 힘이다.

다시 말해 자신의 양심이 자신에게 해가 되더라도 그것을 용기 있게 행동으로 옮기는 내적인 훈련이자 원칙이다. 이 양심은 사람들이 생각하기에 터무니없고 자신에게 손해를 입힐 수도 있다.

하지만 자신 속에 숨어 있는 '옳은' 양심을 행하는 것, 이것이야말로 하늘나라로 가는 전차에 오를 수 있는 차표다. 나아가 지상을 하늘나라로 만드는 고귀하고 위대한 힘이다.

한 사회가
순리대로 작동하기 위해서는
꼭 필요한 게 있다.
그 사회의 약자를 인식하고
그들을 헤아리는 마음인
연민이다.

옳음이란 자신의 양심이
자신에게 해가 되더라도
그것을 용기 있게 행동으로 옮기는
내적인 훈련이자 원칙이다.

당신 안에 혼돈을 품고 있어야 합니다.

그래야 춤추는 별을 낳을 수 있습니다.

– 프리드리히 니체

빛의 축제

자기 자신이 곧 별이다

매주 금요일 오전, 서울 남부교도소에서는 특별한 수업이 진행됐다. 서울대학교는 2013년부터 3년 동안 40명가량의 수용자들을 위해 인문학 교육을 진행했다. 수용자들은 10주 간의 교육을 이수한 뒤 선정된 책을 읽고 수료식에서 그 독후감을 발표한다. 수업의 마지막 시간에는 랄프 왈도 에머슨의 에세이 「자립」을 읽고 독후감을 발표했다.

이 시간은 수용자, 참여 교수, 교정 관계자들 모두에게 엄숙한 순간이다. 한 수용자가 무려 139쪽 분량의 독후감을 제출했다. 그의 글은 신영복 선생의 『감옥으로부터의 사색』과 같은 깊은 감동을 주었다. 주어진 시간 안에 139쪽 분량의 글을 모두 낭독할 수가 없자 그는 원고 없이 이야기를 시작했다.

"세상일이 좋아 너무나 바쁘게 지냈습니다. 인생의 소중한 것을 모른 채 금방 사라지는 안개와 같은 명예와 부를 따라 헐떡이며 살았습니다. 어느 날 새벽, 교도소 창살에 걸린 샛별을 보았습니다. 이전엔 본 적 없는 그 별을 두 눈으로 처음 확인했습니다. 그 샛별은 내 주변에 있는 고마운 사람들입니다. 그들에게 감사하다는 말을 전하고 싶습니다."

그는 더 이상 말을 잇지 못했다. 우리는 모두 숙연해졌다. 그는 어째서 샛별을 이제야 보게 되었을까? 새벽이면 어김없이 떠오르는 별을 그는 이제껏 보지 못하고 살아왔다. 샛별은 밤이 가장 깊을 때 떠오르는 별이다. 한 치 앞을 헤아릴 수 없는 캄캄한 심연과도 같은 수감 생활을 하면서 그는 비로소 샛별을 보았다.

이 별은 누구나 그리고 아무 때나 볼 수 있는 별이 아니다. 자의는 타의든, 인생의 가장 깊은 곳으로 내려가 있는 그대로의 자신을 수용할 때 비로소 나타나는 별이다. 이 별은 스스로를 깊이 관조할 때 슬그머니 빛나는 마음의 천사다. 자신을 세상의 빛과 소리가 들어오지 않는 거룩한 공간에 놓아둘 때에야 비로소 등장하는 이 별은 바로 '자기 자신'이다.

인생의 가장 깊은 곳으로 내려가 있는
그대로의 자신을 수용할 때 —————————
————————————— 비로소 나타나는 별.

자신을 세상의 빛과 소리가 들어오지 않는
————————— 거룩한 공간에 놓아둘 때에야
————————— 비로소 등장하는 이 별은
바로 '자기 자신'이다. —————————

1년 중 밤이 가장 길고 낮이 가장 짧은 날이 동지(冬至)다. 태양이 하늘에서 낮게 내려오면서 일출과 일몰 간격은 9시간 정도 줄어든다. 이 날만 지나면 반대로 밤은 짧아지고 낮은 길어진다. 동지는 어둠이 가장 깊은 때인 동시에 빛을 꿈꾸게 하는 때다.

20만 년 전, 현생 인류인 호모 사피엔스가 지상에 최초로 모습을 드러냈다. 이들에게 동지는 추위와 배고픔을 동반한 죽음 그 자체였다. 밤이 지속되면서 다시는 태양이 떠오르지 않을 것만 같았다.

동지를 영어로 '솔스티스(solstice)'라고 한다. '태양(sol)이 서 있는 상태(stice)'라는 의미다. 어둠, 추위 그리고 죽음을 상징하는 동지가 물러나면 빛, 따스함 그리고 생명이 약동하기 시작한다.

이렇게 동지는 절망과 희망이 현묘하게 섞인 시간이자 죽음과 삶을 가르는 문지방이다. 호모 사피엔스들은 이날을 무사히 넘기기 위해 특별한 날로 정하고 정교한 의례를 행했다. 그 의례의 이름은 '빛의 축제'다.

빛의 축제는 고대 페르시아와 로마에서 꽃을 피웠다. 고대 페르시아에는 '미트라 종교'가 있었는데, 미트라는 '정의' 혹은 '계약'이라는 의미다. 고대 페르시아인들은 태양을 정의의 화신으로 섬겼다. 이 종교는 1세기부터 4세기까지 로마 제국의 황제를 보호하는 신이었다.

로마 황제 콘스탄티누스가 그리스도교를 공인하면서 미트라 종교 일부는 그리스도교로 흡수됐다. 이 종교의 종말론에 따르면 영생을 누리기 위해서는 인간의 영혼이 마지막으로 '친바트'라는 다리를 건너가야 한다. 이 다리는 진실한 삶을 산 이들에게는 찬란한 파라다이스로 이어지는 반면, 눈치를 보고 체면을 차리며 일생을 보낸 사람들에게는 점점 좁아져 어두운 지옥으로 이어진다.

다리 위에는 세 명의 재판관이 있다. 라슈누, 스라오샤, 미트라가 그들이다. '라슈누'는 보통 '정의'로 해석되며, 원래 의미는 '자신이 가야 할 길을 숙고를 통해 알아내고 거침없이 가는 지름길'이다. '스라오샤'는 '복종'으로 해석되며, 원래 의미는 '운명적인 삶을 깨닫고 자발적으로 실천하는 행위'다. 마지막으로 '미트라'는 흔히 '계약'으로 해석되며, 원래 의미는 '자신을 절대적으로 구속할 정도의 절대적 원칙'이다.

친바트 다리는 바로 동지를 상징한다. 심판받는 영혼은 심연과 같은 친바트에 도착한다. 어둠과 추위가 영원히 지속될 것 같은 심연의 순간, 미트라 신이 우리에게 묻는다.

"당신은 1년 동안 자신이 가야 할 길을 깨닫고, 그 운명적인 삶을 자발적으로 실천했습니까? 자신의 모든 것을 포기할 가치가 있는 자신만의 삶의 문법을 가지고 있습니까?"

고대 페르시아 종교에서는 '빛의 신'인 아후라 마즈다를 섬기는 사제가 있었다. '마기(Magi)'라고 불린 이들은 천체를 통해 자신들을 관찰했고 미래를 예측했다. 이들에게도 가장 중요한 날이 있었는데, 바로 12월 22일인 동짓날이다.

『신약성서』 중 「마태복음」에는 마기들이 등장하는데, 우리 말로는 흔히 '동방박사'로 번역된다. 마태복음의 저자는 유대인이 아니며, 페르시아의 사제인 마기가 예수의 탄생을 감지한 유일한 사람이라고 말한다.

마기, 즉 동방박사들은 하늘의 별을 관찰해 메시아의 탄생과 그 장소를 알아냈다. 당시 유대인들은 메시아의 탄생을 기다리고 있었다. 그들은 메시아가 자신들의 관습대로 예루살렘의 명문 집안에서 태어날 것이라고 믿었다.

전설에 따르면 예수는 예상과는 달리 누추하고 허름한 곳에서 태어났다. 그곳은 베들레헴이라는 조그만 동네의 마구간이었다. 그렇다. 메시아는 누구나 쉽게 예상하는 장소, 편안하고 안락한 장소에서 태어나지 않는다. 누추하고 낮고 허름한, 그래서 삶의 심연과 가장 가까운 곳에서 태어난다.

동방박사가 예수의 탄생을 알아낸 것처럼, 139쪽이나 되는 독후감을 제출했던 그 수용자는 하늘에서 항상 발견되기를 기다리고 있던 샛별을 비로소 발견했다. 그가 발견한 샛별은 가장 깊은 밤에 모습을 드러냈다. 그 별은 자신이 거주하는 장소 안에서 깊이 몰입할 때 슬그머니 모습을 드러내는 마음의 빛이다.

이 수용자나 동방박사처럼 동짓날 샛별을 볼 혜안이 우리에게도 있을까. 스스로를 자신이 마련한 거룩한 경계 안에 가둘 수 있을까. 주위 사람들의 눈치를 보며 하늘 한번 쳐다보지 못하고 살아가고 있는 것은 아닐까. 이제껏 그래왔던 나와 용기 있게 이별할 때 하늘은 내게 지금까지 본 적 없는 숭고하고 찬란한 별을 선물할 것이다.

이 세상에서 영원히 머물 것처럼 행동하십시오.

그러나, 내일 죽을 것처럼 영생을 준비하십시오.

– 무함마드

이제는 나를 돌아볼 시간

'위대한 개인'은 위대한 국가를 만드는 초석이다. 위대한 개인이란 웅장한 건물을 지탱하는 한 장의 벽돌과도 같다. 그 개인은 배움을 통해 매일매일 위대하게 살겠다고 다짐한다. 배움이란 자신이 안주하고 있는 시공간에서 탈출해 자신에게 유일하고 진실한 자아를 발견하고 그것을 완성하기 위해 기꺼이 행동으로 옮기는 과정이기 때문이다.

이 진실한 자아를 발견하는 장소가 바로 심연(深淵)이다. 심연은 원래 '끝을 알 수 없는 깊은 연못'이지만 동시에 우리가 위대한 나를 만나기 위해 들어가야 할 심오한 '마음의 연못'이기도 하다.

이 심연 속에서 우리는 이익에 매몰된 오래되고 보잘것없는 자기 자신을 객관적으로 보게 된다. 대부분의 사람들은 화살처럼 빠르게 지나가버리는 세월 속에서 자신의 위치를 망각하고 남들이 세워놓은 기준에 따라 살아가기 쉽다.

또한 자신의 유일한 임무보다는 가족이나 친구 혹은 사회가 요구하는 그 어떤 허상(虛像)을 위해 맹목적으로 행동하곤 한다.

우리가 자신에게 유일한 임무와 길을 깨닫지 못하는 가장 큰 이유는, 인내를 가지고 자신을 응시한 적이 없기 때문이다. 심연은 바로 그런 자신을 있는 그대로 응시하는 거룩한 공간이다.

이 책에 담긴 글들은 심연으로 들어가기 위해 고민한 나의 흔적이다. '과거의 나'와 결별하기 위해 매일 아침 처음으로 인생을 맞이하는 사람처럼 생각하고 적은 글이다.

이 글을 쓰면서 내 마음 속에 남들에게 인정받고 싶어 하는 '외적인 나'가 있다는 사실을 알게 되었다. 그리고 그 외적인 나는 철저하게 남들의 기준에 의해 만들어진 구태의연하고 불필요한 나라는 사실도 깨달았다.

위대한 개인은 매순간 자신을 독수리의 눈으로 관찰하고, 자신이 미래에 이루어야 할 임무를 위해, 지금 이순간 자신의 혼과 영을 다해 최선의 경주를 하는 사람이다. 심연이 가져다준 자신의 고유한 임무가 그 사람의 호흡이며 몸가짐이다. 그 임무에 지속적으로 몰입되었을 때, 그 사람만의 숭고한 인격이 자연스럽게 드러난다.

오늘 아침도 나는 나 자신을 가만히 들여다보는 마술의 공간이자 거룩한 공간인 심연 속에서 하루를 시작한다. 그리고 다짐한다. 나는 오늘 인생의 초보자가 되겠다고. 그리고 오늘을 인생의 마지막 날처럼 살겠다고.

2016년 7월

배철현

KI신서 7431

심연

1판 1쇄 발행 2016년 7월 20일
2판 1쇄 발행 2018년 5월 15일
2판 14쇄 발행 2025년 9월 15일

지은이 배철현
펴낸이 김영곤
펴낸곳 ㈜북이십일 21세기북스
인문기획팀 양으녕 이지연 서진교 김주현 이정미
디자인 씨디자인
영업팀 정지은 한충희 장철용 남정한 강경남 황성진 김도연 이민재
제작팀 이영민 권경민

출판등록 2000년 5월 6일 제406-2003-061호
주소 (10881) 경기도 파주시 회동길 201(문발동)
대표전화 031-955-2100 **팩스** 031-955-2151 **이메일** book21@book21.co.kr

(주)북이십일 경계를 허무는 콘텐츠 리더

21세기북스 채널에서 도서 정보와 다양한 영상자료, 이벤트를 만나세요!
페이스북 facebook.com/jiinpill21   **포스트** post.naver.com/21c_editors
인스타그램 instagram.com/jiinpill21   **홈페이지** www.book21.com
유튜브 youtube.com/book21pub
서울대 가지 않아도 들을 수 있는 **명강의!** <서가명강>
유튜브, 네이버, 팟캐스트에서 '**서가명강**'을 검색해보세요!

ⓒ 배철현, 2018
ISBN 978-89-509-7478-7 03100